WUDZ

4

Joanne Anton

COME SI AMANO LE PIANTE

Lezioni sull'amore, il sesso e il desiderio dal regno vegetale

Traduzione di Lara Cavalli

Finito di stampare nel marzo 2024
da Galli Thierry stampa, Milano
su carta Favini Shiro Echo in copertina
e Burgo Musa Book Green nell'interno

Acquerelli di Joanne Anton

Titolo originale: *Sexus Botanicus*

Sommario

Come si amano le piante

Introduzione
Che cos'è la sessualità?

La sessualità, lo sappiamo, svolge un ruolo importante nell'evoluzione; potremmo anzi dire che ne è la chiave. Da un punto di vista biologico, la sessualità è una modalità di riproduzione specifica degli eucarioti,[1] di cui facciamo parte insieme ad animali e piante, e che è comparsa circa 1,5 miliardi di anni fa. Senza di essa, la vita non sarebbe diventata così varia e sarebbero nate pochissime specie.[2]

Come ogni altro essere vivente, anche l'uomo non ha smesso di evolversi, ma i bambini dei primi *Homo* erano già il risultato dell'incontro di due gameti, uno maschile (lo spermatozoo) e uno femminile (l'ovulo). I gameti sono cellule all'interno di organi riproduttivi differenziati, prodotti dalla divisione cellulare: un processo noto come "meiosi",[3] scoperto alla fine

1 Alla fine del libro è presente un dizionario dei termini scientifici.
2 Come sintetizza Stephen Jay Gould: «Per due miliardi di anni, i tappeti algali (cianobatteri) sono rimasti tappeti algali. Ma la cellula eucariotica ha reso il sesso una realtà ed è per questo che, meno di un miliardo di anni dopo, esistono esseri umani, scarafaggi, cavallucci marini, petunie e cozze». *Questa idea della vita. La sfida di Charles Darwin*, Codice Edizioni, Torino 2015.
3 «La meiosi è un processo originale di divisione che integra il feno-

del XXI secolo. Affinché nasca un nuovo essere umano, i geni di due individui devono quindi mescolarsi, attraverso la fusione di queste due cellule composte da ventitré cromosomi ciascuna.

Questo miracolo della vita, e la combinazione genetica unica che ne deriva, accomuna tutti gli esseri sessuali, siano essi animali o vegetali: l'incontro fusionale di un gamete maschile e uno femminile è il denominatore comune della riproduzione delle specie che si perpetuano attraverso la sessualità. Ma nelle piante, che sono ben più antiche di noi – esistono da almeno 470 milioni di anni, l'*Homo sapiens* da appena 300mila anni – questo incontro è stato perfezionato in un lungo periodo di tempo e ha dato origine a un'ampia varietà di strutture biologiche che hanno portato, tra gli altri, alla comparsa del fiore, a collaborazioni innovative con numerosi animali, alla conquista di territori, al costante aumento del numero di specie e a risposte adattative estremamente ricche.

Eppure, la sessualità delle piante e il suo ruolo essenziale per la biodiversità sono rimasti sconosciuti per migliaia di anni.

Come sa chiunque sia appassionato di botanica, l'idea della sessualità delle piante è stata per molto tempo controversa e difficile da dimostrare. Sotto l'influenza platonica, per esempio, le piante erano ritenute molto inferiori agli animali, che

meno della riduzione cromatica (dimezzamento del numero di cromosomi), la possibilità di scambi di materiale tra cromosomi omologhi (*crossing-over*) e la disgiunzione casuale dei bivalenti (distribuzione casuale dei cromosomi materni e paterni nelle cellule figlie)». Jean Vallade, *L'Œil de lynx des micros copistes*, Éditions universitaires de Dijon, Digione 2008.

a loro volta erano considerati inferiori agli uomini pensanti... Era impossibile immaginare che cose inerti come le piante potessero avere un sesso!

Inoltre, la mancanza di conoscenze e di strumenti (come i microscopi) per comprendere gli esseri viventi, e in particolare tutti quei meccanismi della sessualità invisibili a occhio nudo, ostacolava fatalmente le scoperte.

Solo a metà del XXI secolo gli scienziati sono riusciti a dimostrare la fecondazione nelle alghe (nel 1855) e poi negli animali (nel 1875). Prima di allora, non sapevamo nulla della nostra riproduzione sessuale. Parole come gameti, fecondazione, cromosomi, non esistevano ancora. E per quanto riguarda le piante, gli scienziati non distinguevano tra impollinazione (quando il polline viene depositato sullo stigma di un fiore) e fecondazione (quando, attraverso il tubo pollinico, i grani di polline scendono nello stilo fino a raggiungere le logge e gli ovuli). Inoltre il pensiero cristiano prevalente, che considerava la sessualità un pericoloso e osceno tabù, costituì un ulteriore freno alla ricerca.

All'alba dell'Illuminismo, quando il naturalista Rudolf Jakob Camerarius dimostrò (nel 1694) l'esistenza della sessualità nelle piante, il mondo tremò.

La Chiesa usò il suo potere per bloccare sul nascere questa rivoluzione. Nel corso degli anni, però, i botanici continuarono a fare nuove scoperte: iniziarono a parlare di peni per gli stami e di uteri per i pistilli, arrivando a dare alle specie scoperte nomi evocativi. Ci sono molti esempi nella nomenclatura, basti pensare alla *Clitoria ternatea* (il pisello blu), alla *Bifora testiculata* (testicolo bifora), alla *Crassula vaginata* (la crassula gialla), ecc.

Se da una parte questi nomi provocatori hanno reso innegabile l'aspetto sessuale dei fiori, dall'altra riflettono una visione antropocentrica ormai superata. Oggi siamo più interessati all'alterità delle piante, a ciò che le rende diverse da noi o da ciò che pensavamo della nostra natura. Lo studio di queste piante offre un nuovo sguardo su noi stessi, sconvolgendo in particolare il concetto di identità – una pianta non è un individuo, ma una colonia. Quanto a noi, da quando la ricerca su batteri e virus ha fatto un grande balzo in avanti, sappiamo che siamo composti da migliaia di microrganismi che vivono dentro di noi e grazie ai quali noi stessi viviamo. *L'io è pieno di altri...*

Certo, non possiamo prendere un frammento del nostro corpo e farlo germogliare altrove, come le piante, delle quali ogni ramo, ogni germoglio ha una propria autonomia – per questo possiamo fare delle talee delle nostre piante preferite. Ma questo fenomeno non deriva dalla sessualità. A differenza di molti animali, le piante sono in grado di moltiplicarsi senza passare attraverso di essa. Da uno stelo che tocca il terreno (margotta), da una foglia, da un rizoma o da un bulbo, può nascere una nuova pianta geneticamente identica alla pianta madre. Se la loro sessualità è in pericolo a causa dell'impoverimento dell'ambiente o della mancanza di impollinatori, le piante hanno un piano B: la clonazione. Molte possono persino autoimpollinarsi, sebbene esistano meccanismi naturali per impedirlo, come vedremo più avanti. Anche la loro vita cellulare non è quella di un essere umano. Nei nostri amici vegetali, la crescita continua fino alla morte. Una morte che, peraltro, non è affatto certa. Avrete sicuramente osservato almeno una volta la comparsa di nuovi germogli sul tronco di un albero abbattuto da una tempesta, prova della sua strenua sopravvivenza.

Le piante sono estremamente sensibili ai fattori ambientali. Non sono particolarmente "mobili" e la loro sessualità è mediata da diversi vettori: acqua, animali, vento e persino fuoco. All'inizio della loro vita terrestre, l'acqua era essenziale per la loro riproduzione. Poi gli insetti sono diventati partner insostituibili. I primi impollinatori, i coleotteri, erano già presenti nel Triassico, 250 milioni di anni fa.

Per raccontare la storia di una vita sessuale così ricca di inventiva, faremo visita ad alcune piante molto antiche. Poi, saltando milioni di anni come una manciata di secondi, esploreremo piante più evolute. La scelta delle specie, dei generi o dei gruppi presentati è stata fatta per dare uno sguardo ai tesori dell'evoluzione, che ha portato la flora e la fauna a un alto grado di complessità, e a questo modo molto vegetale di invitare il mondo a celebrare la sessualità.

I

LE PIONIERE

Piante sopravvissute al tempo

lichene a crosta
lichene foglioso
lichene fruticoso
peritecio
apotecio
lirelle

Le noci di un fungo e di un'alga
I licheni

Iniziamo il nostro viaggio tra le *piante dell'amore* con un matrimonio.

Quella che sto per raccontarvi è la storia di una strana unione nata 450 milioni di anni fa tra due specie appartenenti a due regni diversi: un fungo e un'alga. Il primo, né animale né vegetale, appartiene al regno fungino; la seconda al regno vegetale. Un'associazione che assume la forma di un organismo composto con un nome ormai noto ma ancora misterioso: il lichene.

Questa parola significa "dardo", perché nell'antichità il lichene era visto come una sorta di malattia della pelle che colpiva la corteccia degli alberi. In seguito, i naturalisti lo classificarono come muschio o alga, ma per molto tempo i nostri licheni hanno dato un bel filo da torcere alla scienza. Abbiamo dovuto aspettare il XXI secolo, e il microscopio, per osservare la sua doppia natura. Si trattava però di studi ancora molto approssimativi, in cui il lichene era percepito come una forma di parassitismo. Nel 1877, il botanico Albert Bernhard Frank corresse l'errore e dichiarò che si trattava, al contrario, di un'alleanza reciprocamente vantaggiosa, in altre parole: una simbiosi.

I licheni, dunque, non sono affatto parassiti degli alberi. Possono addirittura fornire riparo ad alcuni insetti e sono molto resistenti all'inquinamento, al calore, alla siccità e alle basse temperature.

Nel 2005, i nostri bizzarri sposi – il fungo e l'alga –, selezionati dai ricercatori dell'Università Complutense di Madrid, sono stati mandati nello spazio all'interno di una capsula lanciata da un razzo Soyuz-U. Dopo l'apertura della capsula, le coppie sono state esposte per quindici giorni a intense radiazioni solari, al vuoto interstellare e a temperature estreme. Nonostante le moltissime avversità, i campioni sono comunque riusciti a reidratarsi sulla Terra e il loro piccolo lichene ha continuato a vivere. Non c'è da stupirsi che il lichene sia uno degli organismi cosiddetti "pionieri", essendosi adattato a ogni tipo di ambiente: sabbia, lava, tronchi d'albero, ceppi, rocce, piastrelle, muri di cemento e persino ossa. I lichenologi stimano che ne esistano almeno ventimila specie sul nostro pianeta – ma è bene ricordare che solo il venti percento dei funghi (per lo più Ascomiceti) è in grado di produrre questa associazione con alghe unicellulari del genere *Trebouxia* o *Trentepohlia*; più raramente, l'associazione avviene con un cianobatterio. Può capitare anche che più alghe si associno a un unico fungo, in una relazione multipla e felice.

Infine, per concludere il nostro piccolo quadro botanico, recenti ricerche genetiche hanno rivelato un terzo genoma nei licheni studiati: quello di un lievito.[1] Possiamo dunque definire il lichene un organismo "composito".

1 Nel 2016, i ricercatori hanno scoperto la presenza di un terzo geno-

Anatomia del lichene

L'alga microscopica si trova nella zona più esposta alla luce, sotto uno strato di ife (filamenti fungini), per consentire l'esecuzione della fotosintesi. Questo processo trasforma l'energia luminosa in energia chimica, generando zuccheri che vengono forniti al partner. Il fungo, a sua volta, fornisce supporto e protezione, assorbendo acqua e minerali dall'ambiente per nutrire le alghe. A differenza delle micorrize, reti simbiotiche tra le radici degli alberi e le ife dei funghi nel terreno, il nostro fungo attinge acqua e sostanze nutritive dall'aria, specialmente da nebbie, rugiade e pioggia.

Grazie alla presenza delle alghe, i filamenti del fungo sintetizzano gli "acidi lichenici", responsabili dei vari colori dei licheni, che possono spaziare dal blu al verde, dal giallo all'arancione, fino al rosso o al marrone. Privi di foglie, steli o radici, i licheni sono definibili come "talli" e possono raggiungere un'età molto avanzata. Si stima che alcuni licheni in Groenlandia abbiano più di quattromila anni.

Un matrimonio quasi ideale

Come per tutte le piante, anche in questo caso sono possibili due modalità di riproduzione: asessuata e sessuata. La

ma in quasi tutti i loro sequenziamenti del DNA. Il lichene sarebbe infatti un *ménage à trois*, composto oltre che dall'alga e dal suo fungo (Ascomicete), da un lievito (Basidiomicete), cioè un altro fungo ma unicellulare. Si veda l'articolo «Le lichen, chimère des écorces», in *Vigie-Nature*, 1 febbraio 2018 e la piattaforma interattiva *Lichens Go!*

riproduzione asessuata consente ai due partner di replicarsi reciprocamente, in modo simile a ciò che accade con le talee, dove frammenti del tallo si separano e si diffondono. Nella riproduzione sessuata, invece, è coinvolto solo il partner fungino, poiché l'alga, quando vive in simbiosi con esso, diventa sterile. Al contrario, quando è libera, l'alga conserva la capacità riproduttiva. La simbiosi permette ai licheni di essere più robusti insieme e di colonizzare nuovi habitat. Tuttavia, dal punto di vista sessuale, questo connubio può favorire uno dei partner a discapito dell'altro...

Anche la sessualità del fungo è un processo complesso. I gameti maschili si muovono attraverso il tallo verso l'apparato riproduttivo femminile filamentoso, chiamato ascogonio. Dopo la fecondazione, e a seconda della specie, possono apparire varie strutture sulla superficie del tallo o incorporate al suo interno. È in queste strutture che avviene la meiosi e successivamente la mitosi, processi cellulari che portano alla formazione delle spore. Quando le spore si disperdono nell'aria, germinano e sviluppano ife, che a loro volta si sviluppano solo se riescono a colonizzare un'alga libera... altrimenti niente da fare! A volte le ife si uniscono alle alghe di un altro lichene per creare un nuovo tallo, in un nuovo connubio, quasi ideale.

La simbiosi è un meccanismo essenziale di cooperazione nel mondo naturale. Discuteremo ancora di questo concetto con le micorrize, cruciali per la salute degli ecosistemi forestali. Tuttavia, questa forma di associazione è presente anche nelle piante fiorite, che si sono evolute in modo da mantenere una relazione di dipendenza reciproca con specifici animali, in un fenomeno noto come "mutualismo obbligato".

Una sessualità lillipuziana
I muschi

In principio, la culla della vegetazione non risiedeva nel suolo terrestre, ma nelle acque dell'oceano, dove le alghe, prime colonizzatrici, prosperavano. Questo evento ha avuto un impatto determinante sulla formazione dell'atmosfera, poiché le alghe hanno prodotto grandi quantità di ossigeno attraverso la fotosintesi per centinaia di milioni di anni. Così facendo, le alghe hanno favorito la diversificazione della vita sul nostro pianeta. È in questo cielo azzurro che i muschi hanno fatto la loro comparsa, emergendo dalle acque per colonizzare la Terra circa 470 milioni di anni fa.

Le circa tredicimila specie di muschi presenti oggi nel mondo rappresentano reliquie delle prime piante che si sono adattate alle condizioni di vita sulla terraferma.

Organismi straordinari

I muschi possiedono fusti che, sebbene non siano propriamente tali, presentano foglie pseudo-venate e rizoidi per l'ancoraggio, ma non radici o tessuti vascolari per il trasporto della linfa.

L'acqua penetra direttamente nelle cellule della pianta senza attraversare i vasi. Di dimensioni spesso ridotte – la specie più piccola in Europa misura solamente 0,3 mm – i muschi si sono diffusi in ogni tipo di ambiente in tutto il mondo: dalle rive d'acqua ai prati, dalle torbiere alle cortecce degli alberi, dal suolo delle foreste alla lava, dai muri alle pavimentazioni acciottolate delle nostre città. Crescono ovunque, perfino su materiali come il metallo arrugginito. Alcune specie di muschi del genere *Splachnum* crescono sui detriti organici e attirano le mosche coprofile emettendo odori simili a escrementi. I muschi non sono piante impollinate, ma gli insetti contribuiscono alla dispersione delle loro spore.

Sebbene i muschi non siano mai ritornati al loro ambiente marino originario, molte specie si sono adattate ad ambienti acquatici. Dipendenti dalla luce, dal pH del suolo, dalla temperatura, dall'umidità atmosferica e dall'acqua, i muschi mostrano anche una notevole resistenza: possono rinascere dopo lunghi periodi di siccità, durante i quali cessa ogni attività metabolica, non appena il livello di umidità lo permette. Non temono il freddo; in un esperimento condotto nell'Artico, muschi intrappolati nel ghiaccio per quattrocento anni sono stati in grado di rigenerarsi una volta liberati. Come i licheni, sono organismi pionieri molto resilienti.

Queste piante si riproducono sia per via asessuata attraverso la propagazione vegetativa, sia per via sessuata mediante le spore. Il *Dicranum viride* è un esempio lampante di quanto siano facili da clonare: con le sue foglie che si rompono al minimo contatto, centinaia di frammenti si disperdono nell'aria. Ogni frammento, se atterra in condizioni favorevoli, può dare origine a una nuova pianta.

Alcune specie di muschi hanno cicli di vita brevi: il ciclo vitale dell'*Ephemerum serratum*, per esempio, si completa in sei mesi, mentre il *Leucodon sciuroides* richiede dieci anni, di cui i primi sono di riproduzione vegetativa. Esistono specie dioiche, con sessi separati su piante diverse, e specie monoiche, con organi riproduttivi maschili e femminili separati ma presenti sullo stesso individuo.

Un muschio è composto da due parti: il gametofito (che include steli e foglie, visibili tutto l'anno) e lo sporofito (che si sviluppa sopra il gametofito, di solito visibile solo per una parte dell'anno). Il gametofito produce le cellule sessuali, mentre lo sporofito si sviluppa dall'embrione e forma una sorta di stelo filiforme chiamato "seta", che termina in una capsula dove si sviluppano le spore.

Le intricate relazioni riproduttive dei muschi

Prendiamo per esempio un muschio dioico: le spore, rilasciate in condizioni di tempo secco e trasportate dal vento, si depositano a terra e, se le condizioni sono adatte, germinano dando origine a un filamento chiamato "protonema". Da questo protonema si sviluppa un gametofito maschile o femminile. Sull'individuo maschile, compaiono piccoli organi circondati da peli, chiamati anteridi, che producono gli anterozoidi, simili agli spermatozoi, dotati di due flagelli per la mobilità. Sull'individuo femminile, si sviluppano piccoli organi a forma di bottiglia, detti archegoni, ciascuno contenente un'oosfera, simile a un uovo. Durante un giorno di pioggia, gli anterozoidi, che richiedono acqua per nuotare verso gli archegoni, si uniscono agli ovuli. Dopo la fecondazione, l'embrione si sviluppa e lacera la base degli archegoni per formare lo sporofito. Se la specie è monoica, il ciclo si svolge in modo simile, ma su un unico individuo maschile e femminile.

Per comprendere la differenza tra una spora e un seme, è importante ricordare che la spora non contiene un embrione e non è il risultato diretto della fecondazione. Le generazioni si alternano: una generazione aploide con una singola copia di ciascun cromosoma (il gametofito) e una generazione diploide con due copie di ciascun cromosoma (lo sporofito).

I muschi svolgono un ruolo fondamentale nell'equilibrio degli ecosistemi, fornendo humus, un habitat per una vasta gamma di microrganismi, rilasciando acqua man mano che procedono e agendo come vere e proprie spugne, nonché proteggendo i suoli dall'erosione. Non sono affatto dei parassiti.

Infinite sessualità
Le felci

Dopo l'insorgenza delle prime piante terrestri, non vascolari e prive di radici, l'evoluzione ha ampliato la sua gamma di varietà creando piante in cui la linfa circola attraverso vasi. Queste piante, dotate di fusto, radici e foglie, hanno dato vita alle felci. La natura ha impiegato molto tempo per sviluppare le prime vere foglie nel regno vegetale, come si può notare osservando le fronde delle felci, particolarmente elaborate.

Alte e maestose, le felci si sono diffuse durante il periodo Carbonifero (da circa 359 a 299 milioni di anni fa), conquistando vaste aree e formando intere foreste. Sebbene le loro dimensioni siano diminuite nel corso del tempo, le dodicimila specie di felci che ancora popolano il nostro pianeta sono degne eredi di queste piante giganti. Appartenenti al gruppo delle Pteridofite, le felci non producono né fiori né semi e si riproducono tramite spore.

Le felci e l'amore

Le spore fungono da mezzo di diffusione e sono ospitate in strutture chiamate "sporangi", situate sulla parte inferiore del-

sporofito
gametofito
archegoni
spermatozoidi

le fronde. Queste strutture formano ammassi gialli facilmente riconoscibili, di colore arancione o brunastro. Ogni sporangio contiene una tasca all'interno della quale si sviluppano minuscole spore. Quando mature, le tasche si aprono e le spore vengono rilasciate nell'ambiente, disperse dal vento. Molte spore non sopravvivono, germinando soltanto se le condizioni climatiche di calore e umidità lo consentono. La germinazione dà origine a un piccolo organismo frondoso lungo pochi millimetri, il protallo, che, ancorato al terreno tramite rizoidi, è in grado di effettuare la fotosintesi. Benvenuti nel mondo del protallo!

La riproduzione sessuale delle felci non si ferma qui. Come per molte piante, le generazioni si alternano nel ciclo di vita delle felci. Il primo ciclo riproduttivo di una felce vede la germinazione della spora, che dà origine al protallo, il quale a sua volta genera le foglie. Il protallo, una piccola lama verde a forma di cuore, spesso ermafrodita, presenta gameti maschili e femminili contenuti in organi riproduttivi specifici.[2] L'obiettivo è che i gameti maschili si uniscano a organi a forma di bottiglia chiamati archegoni, ognuno contenente un ovulo. È l'acqua, fondamentale per la fecondazione, che rende possibile questo incontro. Grazie alla rugiada o alla pioggia, gli archegoni si aprono e i gameti maschili nuotano verso gli ovuli. Più flagelli possiedono, più efficacemente riescono a farlo. Nell'archegonio, un singolo gamete maschile che si fonde con l'ovulo è sufficiente per generare un futuro embrione. L'embrione

2 I gameti maschili si trovano nei cosiddetti "anteridi"; quelli femminili negli "archegoni".

viene nutrito dal protallo e si sviluppa in una piccola foglia che rimane attaccata al protallo tramite radichette per un certo periodo. Successivamente, il protallo si disintegra e cresce una nuova felce, che a sua volta produce sporangi sotto le sue fronde e ricomincia così il ciclo di vita.

Ma perché fermarsi qui quando la natura può costantemente innovare partendo da ciò che funziona? Alcune specie di felci acquatiche producono due tipi di spore. Le prime, dette "microspore", danno origine a un protallo maschile. Le seconde, dette "macrospore", a un protallo femminile. Le felci costituiscono un esempio straordinario di complessità sessuale, rivelando la creatività in continua evoluzione degli organismi viventi.

Semi nudi
Le conifere

L'era del Carbonifero segnò l'apice del dominio delle felci, le quali regnarono sovrane nel mondo vegetale per circa 65 milioni di anni. Con tronchi possenti e alti diversi metri, queste felci arboree dominarono il paesaggio, grazie alla propagazione delle loro spore nel vento, assicurandosi così la conquista di un pianeta adatto ai giganti. Le felci crescevano, si riproducevano e completavano il loro ciclo di vita per poi disintegrarsi. Non solo accumulavano grandi strati di futuri idrocarburi nel sottosuolo attraverso il loro processo di decomposizione, ma fertilizzavano anche la Terra.

È in questo contesto che comparvero le conifere. Le conifere emersero a partire dalla fine dell'era primaria, nel Permiano (da circa 299 a 251 milioni di anni fa), un periodo di 48 milioni di anni che seguì il Carbonifero. Tuttavia, si diversificarono maggiormente durante il Mesozoico, quando fecero la loro comparsa mammiferi e dinosauri. Le conifere si diffusero su vasta scala in tutto il mondo, coesistendo con le felci e dando origine a numerose specie nel corso della loro evoluzione biologica. A quei tempi esistevano decine di migliaia di specie di conifere, mentre oggi se ne contano meno di mille. Tra le testimonianze di quell'epoca vi è la vetusta famiglia delle Araucariaceae, radicata soprattutto nell'emisfero meridionale e ampiamente presente nel Giurassico (200-145 milioni di anni fa).

Le conifere segnano l'ingresso nel mondo delle piante da seme, le Spermatofite, che si riproducono sessualmente tramite semi anziché spore.[3] Tutte le conifere appartengono al gruppo delle Gimnosperme, caratterizzate da semi "nudi", ovvero non protetti da un ovario chiuso, come avviene per le piante da fiore (Angiosperme) che compariranno in seguito. Per esempio, abeti, pini, cipressi, larici, cedri, sequoie, ginepri e tassi non presentano ovari. La maggior parte di queste piante produce coni maschili e femminili sulla stessa pianta (monoiche), sebbene vi siano delle eccezioni, come i generi *Araucaria*, *Taxus* (tasso) e *Cedrus* (cedro), in cui la dioecia è la regola, ovvero dove i coni maschili e femminili si trovano su piante diverse.

Tutte le conifere si riproducono tramite impollinazione anemofila, in cui il polline è trasportato dal vento. Il polline dei coni maschili, spesso dotato di palloncini aerostatici per agevolarne il trasporto, viene raccolto e depositato dal vento sui coni femminili. Tuttavia, la dispersione del polline è spesso ostacolata da vari fattori ambientali, e solamente una piccola percentuale raggiunge l'obiettivo desiderato. Le conifere compensano questa sfida producendo milioni di grani di polline. Inoltre, la struttura dei coni femminili è progettata per favorire l'intercettazione del polline, creando un vortice che ne facilita l'introduzione tra le squame ovulari. La maggior par-

3 Le spore non contengono embrioni, mentre i semi sì.

te delle conifere nel nostro clima si impollina in primavera, a eccezione dei cedri, che rilasciano il polline in autunno. Tuttavia, le conifere non fioriscono ogni anno e sono meno efficienti delle piante da fiore (Angiosperme). Esse sono anche più sensibili ai fattori ambientali e, per la fioritura e la maturazione dei semi, richiedono grandi quantità di risorse che, qualora venissero a mancare, ne comprometterebbero la crescita.

Un'impollinazione che dipende dal clima

Il polline è contenuto in sacche polliniche (microsporangi). Quando queste sacche si seccano e le loro pareti si rompono, emergono dei piccoli grani. Le squame ovulari si allargano per consentire il passaggio del polline. In molti casi, peli o secrezioni appiccicose (goccia zuccherina ovulare) assicurano una migliore cattura del polline. Ma non basta: queste squame si chiudono una volta che il periodo di ricettività dell'ovulo è terminato.

Affinché avvenga la fecondazione, il granello di polline deve penetrare nell'ovulo e poi germinare al suo interno. Alcuni pollini germinano rapidamente, come quello dell'abete rosso, mentre altri sono molto più lenti; il polline del pino, per esempio, rimane all'interno della nucella (la parte centrale dell'ovulo) per quasi un anno. Queste differenze si spiegano per via del sistema riproduttivo femminile, che deve essere perfettamente maturo.

A prescindere dalla specie, la fecondazione avviene come segue: una volta che il tubo pollinico è maturo, le cellule del granello di polline si dividono e danno origine a due gameti

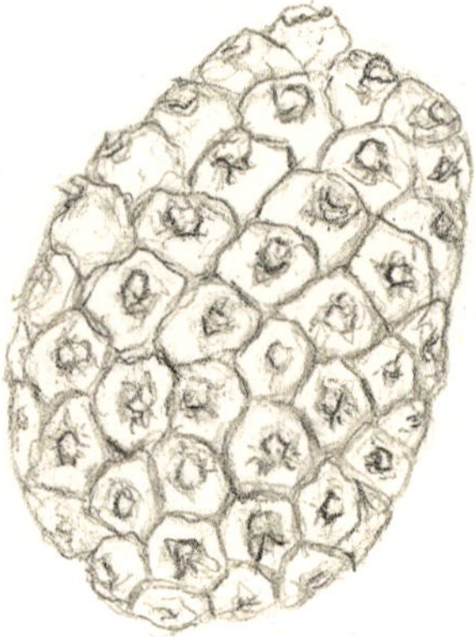

CONO FEMMINILE

CONO MASCHILE
infiorescenza

CONO FEMMINILE MATURO

PINUS PINEA

maschili. Il tubo pollinico raggiunge la sede dell'ovulo e rilascia il suo contenuto. I gameti maschili si separano, uno migra verso il nucleo dell'ovulo – dalla loro fusione nasce il futuro embrione –, mentre l'altro degenera. A differenza delle Angiosperme, dove il secondo gamete maschile viene utilizzato per fecondare i nuclei della cellula centrale dell'ovulo, le Gimnosperme non prevedono una doppia fecondazione.

L'embrione raggiunge la maturità da uno a tre mesi dopo la fecondazione, a seconda della specie e del clima. Il cono si secca, diventa marrone e le squame si allargano per liberare i semi, oppure si disintegra. Il seme ha bisogno di un periodo di raffreddamento per germinare.

Le Gimnosperme sono apparse cento milioni di anni prima delle Angiosperme e sono sopravvissute fino a oggi nonostante la forte concorrenza delle piante da fiore. Oggi questo gruppo rappresenta meno del dieci percento della flora mondiale e vive principalmente nelle regioni temperate. Eppure, difficilmente potremmo immaginare il nostro pianeta senza questi maestosi alberi. Le loro pigne, anche se arcaiche, sono di una bellezza commovente.

Chi non ha mai raccolto una pigna e l'ha conservata come un tesoro?

Un ovulo quasi perfetto

Il Ginkgo biloba

Apparso 270 milioni di anni fa, il *Ginkgo biloba* è uno degli alberi più antichi del nostro pianeta. Considerato da Darwin un vero e proprio fossile vivente, è l'unico sopravvissuto della famiglia delle Ginkgoaceae, le cui specie sono scomparse durante le grandi glaciazioni del tardo Terziario e del Quaternario. È un albero eccezionale sotto molti punti di vista. La sua età, la sua longevità – alcuni esemplari possono vivere per diverse migliaia di anni – e la sua tenacia lo rendono unico. Resiste come una roccia di fronte all'inquinamento, agli attacchi degli insetti, alle malattie e persino alle radiazioni: il ginkgo è stata la prima pianta a ricrescere nel terreno irradiato di Hiroshima dopo i bombardamenti. Una forza della natura che oggi, in natura, esiste solo in una piccola regione della Cina meridionale. Ma gli esemplari coltivati si sono diffusi in molte parti del mondo.

Il ginkgo deve il nome della sua specie (*biloba*) alle sue foglie verdi a due lobi. In autunno, queste brillano di un'attraente tonalità dorata. La pianta è dioica, con rami lunghi e corti, alle cui estremità si trovano gli organi riproduttivi. La riproduzione sessuale è anemofila. L'albero ha quindi bisogno del vento per la sua sessualità.

In primavera compaiono le infiorescenze maschili sotto forma di amenti cilindrici gialli composti da numerosi stami. Sui corti rami delle piante femminili si formano steli con due piccoli ovuli. Spesso uno di questi abortisce precocemente. Che aspetto ha un ovulo di ginkgo maturo? Sembra una prugna mirabelle. Ha un diametro di due centimetri e... è nudo. Ecco quindi un albero che non si vergogna di esporre i suoi ovuli! Nonostante l'aspetto da prugna mirabelle, l'ovulo non deve essere confuso con un frutto (vedremo più avanti che il frutto è una creazione delle piante da fiore). Inoltre, si sviluppa completamente, con o senza fecondazione. Questa è un'altra caratteristica che lo rende eccezionale. Ed è l'unico albero ad aver attuato un simile processo. Né le conifere né le piante da fiore infatti copieranno questa originalità; gli ovuli di questi due gruppi, in assenza di fecondazione, sono destinati a degenerare. Tuttavia, grazie alla sua crescita completa, l'ovulo del ginkgo può essere fecondato non solo sull'albero, ma anche una volta staccato e adagiato a terra. È come se il nostro albero praticasse la riproduzione ovipara di alcuni animali, come se deponesse delle uova!

Ovuli all'estremità delle foglie

L'ovulo del ginkgo è costituito da uno spesso tegumento a tre strati, uno dei quali (la sarcotesta) emana un odore sgradevole. È impossibile ignorare questo albero femmina con ovuli maturi alla fine dell'estate: l'odore dell'acido butanoico aggredisce letteralmente il naso di chi cammina, anche a distanza.

Durante l'impollinazione, il granello di polline deve entrare attraverso un piccolo foro all'estremità dell'ovulo: il micropi lo. Per facilitarne l'ingresso, si forma una goccia mucillaginosa (gelatinosa). Il seme vi aderisce e penetra nell'ovulo, dove rimane per quattro mesi. Il seme può quindi dividersi per rilasciare due gameti maschili in un ambiente acquoso. Solo uno dei due si fonderà con il gamete femminile; l'altro degenererà.

I ricercatori sono affascinati dall'ovulo unico di questo albero con le sue numerose proprietà medicinali. In alcuni esemplari hanno scoperto delle foglie ovulari – una sorta di anomalia in cui l'ovulo non cresce all'estremità del fusto ma da una foglia – e si stanno quindi interrogando sulla sua origine fogliare nell'ambito dell'evoluzione.

Negli anni Duemila, uno studio condotto in Francia ha dimostrato l'esistenza di un fenomeno di endosimbiosi. Il ginkgo, infatti, non vive da solo. L'alga *Coccomyxa* si nasconde nelle sue cellule (quelle degli embrioni e dei tessuti riproduttivi), ma non si sa se questa associazione sia vantaggiosa per entrambe le parti, né come sia avvenuta.[4] Un'ipotesi è che la *Coccomyxa* sia caduta accidentalmente sulla goccia mucillaginosa del micropilo di un ovulo di un albero, abbia accompagnato un granello di polline e abbia finito per seguirlo nell'oosfera (il futuro embrione). Da allora, vive all'interno del suo ospite.

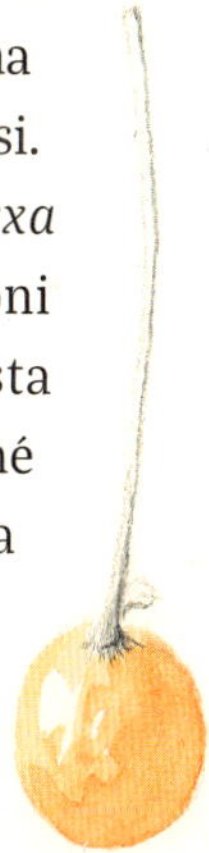

A parte l'odore sgradevole, questo ovulo quasi perfetto non ha ancora tutte le caratteristiche delle piante da fiore, ma non manca né di fascino né di mistero.

4 A questo proposito, si veda l'articolo di Joël Ignasse «Un fantôme dans l'arbre», in *Sciences et Avenir*, maggio 2006.

II

LA RIVOLUZIONE SESSUALE DEI FIORI

Le Angiosperme

Fiore, dimmi chi sei

Il fascino irresistibile dell'evoluzione

Dopo le Gimnosperme, è emerso un altro gruppo di piante portatrici di semi: le Angiosperme, altrimenti note come "piante da fiore".

Questa nascita ha cambiato il corso dell'evoluzione, con un successo folgorante nel lungo periodo, e oggi rappresenta il novanta percento delle circa trecentomila specie vegetali presenti sul nostro pianeta. Questa rivoluzione nella flora mondiale è avvenuta 140 milioni di anni fa, nel Cretaceo inferiore. E forse anche prima, se dobbiamo credere alla recente scoperta di un fiore fossile datato 174 milioni di anni – *Nanjinganthus dendrostyla* – rinvenuto in Cina in sedimenti del primo Giurassico.

Queste piante da fiore sono chiamate Angiosperme – dal greco *aggeîon* "ricettacolo" e *sperma* "seme" – perché i loro ovuli sono avvolti da carpelli, cioè foglie modificate con funzioni riproduttive. In questo nuovo sistema, i gameti femminili sono protetti nelle logge dei carpelli all'interno del fiore. Il seme riceve anche un'ulteriore protezione sotto forma di pericarpo, che funge da involucro per il frutto che nascerà. È grazie alle numerose qualità delle loro innovazioni botaniche – i fiori e i frutti – che questo nuovo tipo di piante ha potuto conquistare il mondo. Nel corso del tempo, hanno attirato un'ampia varietà di portatori di polline e disperditori di semi: soprattutto insetti, ma anche uccelli, rettili, pipistrelli, piccoli mammiferi e animali più grandi come scimmie ed esseri umani.

Questo gruppo di piante evolute predilige gli animali come vettore di impollinazione. La rivoluzione sessuale del fiore si basa sulla dipendenza dagli zuccheri (polline, nettare, frutti) dei suoi partner piumati, squamati o pelosi, e sulla seduzione (feromoni, colori, forme, esche, trappole).

L'utilizzo del vento come mezzo di impollinazione richiede che la pianta produca polline in quantità molto elevate per avere maggiori possibilità di atterrare nel posto giusto, cioè sulla punta del pistillo (stigma). Ogni amento di nocciolo può emettere fino a cinque milioni di grani di polline! Si tratta di un sacco di rifiuti e di uova prodotte per niente.[1] Produrre polline e uova richiede una grande quantità di energia. Con gli animali, i risultati dell'impollinazione si riveleranno più affidabili e le strategie delle piante per attirarli continueranno a variare, a diventare più precise e persino a specializzarsi. Sia a vantaggio che a scapito dell'animale.

Da un punto di vista botanico, il termine "fiore" si riferisce all'apparato riproduttivo e ai suoi involucri sterili (brattee, ricettacolo, calice, corolla). Mentre la maggior parte delle Angiosperme produce fiori ermafroditi, con stami e pistillo sullo stesso fiore, alcune separano i sessi. Quercia, frassino e nocciolo hanno fiori maschili e femminili sulla stessa pianta (mo-

1 La riproduzione anemofila (alimentata dal vento) dei nostri alberi decidui è una risposta evolutiva specifica dei climi temperati. Ci sono poche specie anemofile nelle regioni tropicali, dove gli insetti sono più abbondanti durante tutto l'anno.

noecia). Il pistacchio, il kiwi e l'olivello spinoso hanno solo fiori maschili su una pianta e solo fiori femminili su un'altra (dioecia). Questo li protegge dall'autofecondazione, che a lungo andare finisce per impoverire i geni. Tuttavia, per favorire la fecondazione incrociata, gli ermafroditi hanno trovato meccanismi ingegnosi: gli stami maturano prima del pistillo, oppure le parti maschili e femminili differiscono in lunghezza. La primula (*Primula vulgaris*), per esempio, a volte ha un pistillo più alto degli stami, a volte il contrario. Esistono anche procedure di riconoscimento genetico. In questi casi, il polline e il suo tubo pollinico non vengono riconosciuti dall'organo femminile, che ne blocca quindi il passaggio.

Con le piante ci possiamo sempre aspettare delle sorprese. Il timo, che già ai suoi tempi Darwin aveva messo in discussione, può improvvisamente produrre piante femminili accanto alle normali piante ermafrodite. Lo fa per compensare l'impoverimento del suo ambiente e ridurre l'impatto che questo ha sulla sua sessualità.

Alcune nozioni di botanica

I fiori sono di tutte le forme e dimensioni. In risposta, il linguaggio della botanica si è dimostrato inventivo e il suo vocabolario è ricco di modi per descriverli. Limitiamoci ad alcuni concetti di base.

Un fiore bisessuale è composto da diversi elementi disposti concentricamente intorno a un ricettacolo: il calice (insieme di sepali), la corolla (insieme di petali), l'androceo (sistema riproduttivo maschile) e il gineceo (sistema riproduttivo femminile). Il calice protegge gli organi sessuali e la corolla attira gli impollinatori. Ma le innovazioni intorno a questi elementi sembrano infinite. La margherita, per esempio, è di per sé un grande bouquet di fiori. Al centro si trovano decine di fiori tubolari gialli ermafroditi. Alla periferia, fiori bianchi sterili ligulati, usati per attirare gli insetti. Si tratta di un'infiorescenza nota come "capolino". Ne esistono altre (grappoli, cime) e, all'interno di queste, nuove varianti ancora. La stella alpina, per esempio, è un capolino di capolini...

Il tulipano è un fiore terminale solitario. I sepali e i petali liberi sono indistinguibili. Questi sono noti come "tepali". Il tulipano è composto da sei tepali, sei stami con lunghi fili, un pistillo con uno stilo lungo e carnoso e uno stigma trifido all'apice. Alla base del pistillo si trovano tre cellule fuse che contengono gli ovuli. Anche l'anemone coronato è un fiore terminale solitario ma, contrariamente alle apparenze, è apetalo. Quelli che vengono scambiati per petali sono sepali colorati, in numero variabile da cinque a otto. I numerosi stami formano una corona intorno ai carpelli liberi (il pistillo globoso).

Per secoli i botanici hanno usato le loro capacità di osservazione per classificare e identificare le piante. Il fiore ha avuto la loro totale attenzione, ma questo non ne ha affatto intaccato la magia e il mistero. Audaci, discreti, generosi, ingannevoli, seducenti, talvolta fatali... i fiori sono ammaliatori indispensabili. Solo loro sembrano avere la chiave della vita.

Una coppia eterna

Pistillo e polline

Le piante da fiore hanno un modo unico di riprodursi che non esiste in nessun'altra parte del mondo vivente: praticano una doppia fecondazione. In primo luogo, il polline arriva sullo stigma del pistillo, collegato tramite lo stilo all'ovario. Una volta reidratato, germina e sviluppa il cosiddetto "tubo pollinico". Carico di cellule riproduttive maschili, il tubo si estende nello stilo per raggiungere l'ovario. Curiosità: i grani di polline hanno molti concorrenti. Come per gli spermatozoi maschili nell'utero femminile, c'è competizione. Inoltre, sebbene la tuba abbia superato il test di compatibilità allo stigma, può essere respinta dal pistillo prima di raggiungere l'ovario. Ma una volta accettate, le cellule riproduttive maschili che entrano nel sacco embrionale dell'ovulo possono rivendicare la vittoria. Due gameti maschili potranno fondersi: uno con l'ovulo per dare vita a una nuova piantina, l'altro con i nuclei polari (due cellule specializzate) del sacco embrionale per formare l'albume, la riserva nutritiva del futuro seme. Nelle Angiosperme ci sono quindi due fecondazioni. Ma facciamo un passo indietro per dare un'occhiata più da vicino al nostro polline.

Da dove viene questo piccolo principe, non necessariamente biondo?

All'estremità di ogni stame si trovano due antere,2 ciascuna con due camere, dove vengono prodotti i grani di polline. L'incredibile varietà di questi piccoli principi è sorprendente. La maggior parte di essi non può essere vista a occhio nudo, ma se avrete la possibilità di osservarli al microscopio, ne sarete conquistati. Combinano estetica, utilità ed efficienza. Il loro diametro si misura in micrometri. I più grandi raggiungono i 500 µm (un fenomeno raro), i più piccoli i 5-8 µm. Un granello di polline di zucca ha un diametro di circa 200 µm; uno di nontiscordardimé di 7 µm.

I grani di polline non hanno alcuna somiglianza con le altre parti del fiore. Dotati di una parete protettiva, a volte con filamenti che li collegano tra loro, variano nell'aspetto e nel colore. A palloncino o a spiga, sferici, triangolari o ovali, polverosi o appiccicosi, incolori, giallo pallido, giallo scuro, arancio, marrone, rosso, viola... sono in grado di compiere ogni sorta di meraviglia, anche se sopravvivono solo pochi giorni. Ricche di proteine, nutrono molti animali e forniscono alle api il "pane"[3] indispensabile per l'alveare e le sue larve. Soprattutto, trasportano i gameti maschili di due grandi gruppi di piante: le An-

2 Più raramente una sola.

3 Il pane delle api deriva dal polline raccolto e depositato nelle celle dell'alveare, dove subisce trasformazioni legate all'azione di microrganismi (batteri). Prima che ciò avvenga, il polline viene pressato nell'alveolo dalla testa dell'ape e ricoperto da un sottile strato di miele. Il nettare permette all'ape di incollare i grani di polline. In questo modo essi formano una sorta di palla, adatta a essere trasportata. Il nettare e il polline sono essenziali per la vita dell'ape.

giosperme e le Gimnosperme. In breve, il polline è il perfetto principe della storia sessuale delle piante.[4]

E la principessa Pistillo?

Non ha nulla da invidiare al suo principe, che lo riceve con precisione alla fine del corridoio del suo palazzo. Il pistillo di un fiore è costituito da uno stilo, diviso o meno, corto o lungo, con lo stigma all'estremità e l'ovario in fondo al canale stilare. Questa cavità chiusa ospita l'ovulo, che è contenuto nel sacco embrionale. Il sacco embrionale contiene l'ovulo e cellule specializzate che, dopo la fecondazione, creano l'albume. L'ovulo fecondato si trasforma in seme e l'ovario in frutto. Come il polline, il pistillo assume una varietà di forme che gli permettono di compiere il miracolo della vita e di produrre una prelibatezza senza pari: i numerosi e variegati frutti!

4 Per saperne di più sul polline, consiglio il testo di Rob Kesseler e Madeline Harley, *La Vie sexuelle cachée des fleurs*, Télémaque, Parigi 2011.

Ovaie da sgranocchiare
Il frutto

Il frutto è un'invenzione delle Angiosperme. Prima di esso c'erano soltanto spore e semi nudi. Poi la natura ha aperto la strada al dono dei fiori. In abbondanza, in molte forme, colori, profumi, sapori e consistenze. Capace di nutrire sia gli animali che gli esseri umani. Ricca di proteine e zuccheri, la frutta è stata una prima fonte di nutrimento per i nostri antenati cacciatori-raccoglitori, che si spostavano ciclicamente, seguendo la fruttificazione delle piante in periodi scaglionati e nei diversi territori. Poi è arrivato il momento della domesticazione delle piante, nel Neolitico, ovvero quando siamo riusciti a coltivarle. Seguendo il percorso che ci è stato indicato dalla natura dell'ibridazione e della selezione delle piante.

Come possiamo descriverle?

I botanici parlano di frutti semplici, composti, multipli, complessi, secchi o carnosi. I frutti secchi includono acheni, capsule e baccelli. I frutti carnosi comprendono bacche e drupe. Se analizziamo alcuni esempi in modo più dettaglia-

to, comprenderemo meglio la ricchezza di queste distinzioni. Perché una ciliegia non è una fragola... Mentre la ciliegia è un frutto semplice[5] con un nocciolo (drupa), la fragola è uno pseudo-frutto o frutto complesso.[6] Quindi, quando si mangia una fragola, non è il frutto quello che si sta gustando. La polpa rossa, pur essendo succulenta, proviene dal ricettacolo floreale del fiore della fragola e non dall'ovario. Il frutto, nel senso botanico del termine, è in questo caso un achenio, che corrisponde esattamente ai piccoli semi di fragola che si incastrano tra i denti. L'achenio è un frutto secco e indeiscente (che non si apre spontaneamente a maturazione) contenente un solo seme. Le nocciole, le samare di acero e le ghiande di quercia sono tutti acheni. Quando mangiamo una fragola, stiamo mordendo un ricettacolo floreale e una manciata di frutta secca! I semi si trovano all'interno degli acheni, protetti dal pericarpo.

L'ananas è un frutto composto[7] che si forma dall'infiorescenza, ovvero l'unione di più frutti. La buccia deriva dalle brattee e dai residui dei fiori che non sono stati utilizzati per creare le bacche. Ciò che mangiamo sono le bacche (polpa succosa) degli ovari e la parte esterna del gambo (più dura).

Un altro esempio controintuitivo: l'avocado è una bacca, come il pomodoro, e non una drupa come la pesca, la prugna o l'albicocca. Il suo unico seme si trova direttamente a contatto con la parte carnosa del frutto. Quindi all'interno dell'avocado non c'è un nocciolo, ma un seme! Per distinguere il nocciolo

5 Il frutto proviene da un singolo fiore unicarpellato.
6 Il frutto proviene dall'ovario e da altri organi floreali.
7 Il frutto proviene da più fiori della stessa infiorescenza.

dal seme, ricordiamo che il nocciolo è un involucro duro che circonda il seme, mentre il seme è l'embrione composto da tre parti: l'embrione stesso, l'albume (cellule nutritive) e il tegumento (involucro protettivo). Il seme è un seme nudo.

La mora è un insieme di piccoli frutti a nocciolo (polidrupa) portati dal ricettacolo floreale. Si tratta quindi di un frutto multiplo.[8]

Infine, esistono due gruppi principali di frutti secchi: quelli deiscenti e quelli indeiscenti. I primi si aprono a maturità per liberare i semi (capsula dell'ippocastano, baccello del pisello, siliqua dell'erba lunaria). I secondi attendono l'azione dell'embrione o la decomposizione del loro involucro (acheni).

Sebbene i frutti siano generalmente il risultato della sessualità delle piante, alcuni compaiono senza che gli ovuli siano stati fecondati.

Questo fenomeno, noto come "partenocarpia", è una risposta delle piante alle difficoltà ambientali, in particolare per combattere i predatori avidi, che preferiscono mangiare le piante senza semi. Oppure, se l'impollinazione fallisce, per non allontanare dalla zona gli animali che aiutano a disperdere i semi. Se sono ben nutriti, torneranno l'anno successivo.

8 Più frutti provengono da un singolo fiore dialipetalo.

Embrioni in viaggio

I semi conquistano il mondo

I semi contengono gli embrioni delle piante. Attraverso di essi, le piante assicurano la loro discendenza e conquistano territori vicini e lontani. Per farlo, i semi utilizzano il vento, lo stomaco e il mantello di animali, uccelli, insetti o l'acqua.

Alcune piante si servono della fauna selvatica per l'impollinazione e del vento per la dispersione.

Gli embrioni sono alloggiati all'interno di strutture di diversa consistenza, forma e colore, a seconda della famiglia di piante a cui appartengono. Con le loro superfici lisce, piatte, irregolari o rugose e vari gradi di colore, i semi proteggono la futura piantina tramite diversi strati di cellule.

I semi sono di tutte le dimensioni, il più grande è il cocco di mare (*Lodoicea maldivica*) che può arrivare a pesare venticinque chili e avere un diametro fino a cinquanta centimetri. I più piccoli si trovano tra le orchidee. Alcuni semi sono resistenti al fuoco, e ne hanno addirittura bisogno per uscire dalla dormienza,[9] è il caso della sequoia gigante o del cisto; altri sono resistenti al freddo estremo e all'umidità.

I semi del cetriolo schizzinoso vengono espulsi dalla pianta a maturità raggiunta, il che migliora notevolmente le sue possibilità di propagazione. La modesta mimosa non solo piega le sue foglie quando viene toccata, ma espelle anche i suoi semi in modo spettacolare. Nel linguaggio botanico, il lancio dei semi da parte della pianta è noto come "autocoria".

L'aspetto del frutto fornisce un indizio sul modo in cui gli embrioni vengono dispersi. Se vi imbattete in una bardana setolosa o in un'erba medica in piena fruttificazione, vedrete che gli uncini e le altre spine sono facilmente visibili e si attaccheranno ai vostri vestiti. La pelliccia degli animali è utilizzata come mezzo di trasporto.

Anche le dimensioni del frutto raccontano una storia. Il frutto può essere sproporzionato rispetto al numero di semi che contiene. La femmina dell'acacia, per esempio, produce frutti lunghi da trenta a cinquanta centimetri, con appena una dozzina di semi per baccello. Secondo una recente ipotesi,[10] la lunghezza di questi baccelli rivela una modalità di dispersione anacronistica. Questi frutti erano destinati a essere dige-

9 La dormienza è un periodo di durata variabile, a seconda del clima e della specie, durante il quale il seme interrompe la crescita embrionale per sopravvivere. Questo ritarda la germinazione.
10 Connie C. Barlow, *The Ghosts of Evolution. Missing Partners, And Other Ecological Anachronisms*, Basic Book, New York 2002.

riti dalla megafauna che popolava l'America più di diecimila anni fa...

Molti semi utilizzano lo stomaco degli animali per favorire la germinazione. Gli acidi e gli enzimi attaccano l'involucro duro del seme che, una volta liberato attraverso la deiezione, è pronto a germogliare. Per quanto riguarda i semi trasportati dal vento, a volte sono abbelliti da ali (le samare degli aceri, che contengono gli acheni) o da un pappo (i peli lanuginosi dei denti di leone) in modo da poter volare via.

Nell'oceano, le noci di cocco sono note per aver percorso molti chilometri grazie al loro guscio impermeabile e al mesocarpo fibroso, che permette loro di galleggiare per diversi mesi. Nelle paludi di mangrovie troviamo semi vivipari. Germinano sulla pianta madre, poi si staccano una volta che la loro radice a fittone è sufficientemente sviluppata per affondare nel fango. Esistono quindi tanti semi quante sono le forme di locomozione. E con essi sono possibili tutti i tipi di viaggio.

III

AAA
PARTNER SPECIALE CERCASI

Le piante zoofile

Amore a tempo di musica

Il pomodoro vuole solo il suo bombo terreno

I suoi graziosi fiori gialli a forma di piccole lanterne promettono succulenti frutti rossi. Ma perché ciò avvenga, il pomodoro (*Solanum lycopersicum*) deve prima essere fecondato. Il problema è che, mancando di nettare, viene piuttosto evitato. Ma non importa! I pomodori si autoimpollinano molto facilmente. Con la minima folata di vento, finché le antere sono mature, vedete il "cono" (tubo pollinico) chiuso intorno al pistillo? È qui che si trovano gli stami, che nei fiori di pomodoro sono fusi insieme – il polline cade sullo stigma e scende verso l'ovario. Il periodo di ricettività dello stigma è piuttosto breve. Per ovviare a questo problema, anche se è più l'eccezione che la regola, esistono fiori di pomodoro a impollinazione incrociata che accettano il polline di un'altra pianta. Se si vede lo stigma sporgere dall'estremità del tubo pollinico, è molto probabile che possa ricevere polline "estraneo".

Il pomodoro si affida al vento per la sua fecondazione, ma anche a un insetto specifico. I suoi scintillanti fiori gialli fungono da faro per un unico bottinatore: il bombo di terra (*Bombus terrestris*). Interessato al polline del fiore per nutrire le sue larve, il bombo ha un modo tutto suo di raccogliere il bottino e impollinare la pianta. Questo metodo è noto come "impollinazione vibratile". L'insetto si aggrappa al tubo pollinico con le zampe e pianta le sue appendici boccali. Dopo il passaggio dell'insetto, i segni del morso diventano visibili e si colorano di marrone.

Il suo trucco per raccogliere il polline? Vibrare! Attivando i muscoli del volo,[1] il bombo scuote il fiore a un ritmo che gli piace particolarmente. Gli stami si aprono per rivelare lo stigma e depositare il polline sulla schiena dell'animale. Nessun altro insetto può sedurre un pomodoro in questo modo. I giardinieri lo sanno: usano i bombi di terra per far crescere tanti bei pomodori. Gli insetti sono allevati in colonie per la coltivazione in serra. Selezionati con cura per la resa, non sono più geneticamente uguali al loro corrispettivo selvatico. Quando questi "mostri foraggiatori" fuggono dal loro posto di lavoro, gli entomologi si preoccupano e temono che, nel lungo termine, la specie selvatica si estingua.

L'insetto non solo segue la strategia di impollinazione del pomodoro, ma addirittura la stimola. Uno studio condotto a Zurigo e pubblicato sulla rivista *Science* ha dimostrato che il bombo di terra è in grado di far fiorire prima i pomodori. Lo fa praticando piccoli fori nelle foglie. La fioritura può così essere anticipata addirittura di un mese! Gli scienziati pensano che il nostro bombo inserisca una sostanza chimica per stimolare la pianta, ma questo aspetto è ancora in fase di studio.[2]

1 Le ali hanno una frequenza di cento battiti al secondo, un'enormità!
2 Si veda Émeline Férard, «Comment les bourdons incitent les plantes

I fiori di pomodoro, coltivati con criterio all'aria aperta, sbocciano nel nostro clima da luglio a settembre. Sono composti da cinque sepali verdi (persistenti nella parte superiore del frutto), cinque petali giallo brillante fusi alla base, curvi e appuntiti, e cinque stami fusi che circondano il pistillo, che spesso ha un ovario a due sedi. I pomodori, come le patate, appartengono alla famiglia delle Solanacee.

Il bombo di terra appartiene alla famiglia degli Apidae, come l'*Apis mellifera*, e vive nei campi, nei boschi, nei prati e nei giardini. Ha un ciclo di vita annuale. Costruiscono i loro nidi sottoterra in cavità, dove le femmine svernano. Le femmine incubano le uova utilizzando i muscoli del torace che, una volta attivati, aumentano la loro temperatura fino a trenta gradi. Il rapporto con il fiore di pomodoro non è esclusivo: il nostro bombo ama tutti i tipi di fiori, e in particolare le corolle viola. La femmina è più grande del maschio e compare prima di lui in primavera. È l'unica dei due ad avere un pungiglione, ma lo usa poco. Questi bombi sono eccellenti bottinatori, anche con il clima fresco. Da marzo in poi, iniziano a lavorare la mattina presto e si dedicano al foraggiamento fino a tarda sera. La scelta di questo partner da parte del pomodoro è forse dovuta al caso, oppure alla necessità di ottenere il giusto ritmo!

à fleurir plus tôt en attaquant leurs feuilles», *GEO*, 22 maggio 2020.

Amo solo te (o quasi...)

La Lysimachia vulgaris e l'ape macropis

La lisimachia comune (*Lysimachia vulgaris*) è una bella erba perenne con rizoma della famiglia delle Primulaceae. In Europa, si trova per lo più in ambienti umidi. Cresce in posizione eretta e può raggiungere un'altezza di oltre un metro. Il fusto è pubescente e le foglie lanceolate sono disposte a due, tre o quattro. I piccoli fiori gialli a forma di stella hanno cinque petali e cinque sepali corti bordati di rosso-arancio. Al centro del fiore, il colore arancione indica il pistillo e i cinque stami, che sono fusi insieme fino a un terzo del percorso. Il frutto è una capsula.

I fiori non offrono nettare ma un olio floreale, che è di particolare interesse per un'ape melittide[3] solitaria: *Macropis europaea*, nota anche come "macropede comune". Questo interesse è dovuto principalmente alla ricchezza di nutrimento che fornisce alle sue larve. Ma non è tutto. Quest'ape ha sviluppato l'abitudine di creare appositamente la sua tana vicino alla lisimachia, in un habitat costituito da paludi, argini,

3 Della famiglia Melittidae, la più piccola delle sei famiglie di api.

canneti e prati umidi. La femmina utilizza l'olio floreale della pianta per consolidare le pareti del nido, che costruisce in una galleria lunga dieci centimetri, e dove le larve sono riparate e nutrite in cubicoli. Quest'ape raccoglie l'olio floreale da luglio a settembre, grazie alle zampe anteriori e centrali che, ricoperte di peli spessi e setosi, agiscono come una spugna. Questo comportamento indica che è avvenuta una specializzazione e che l'insetto dipende dalla pianta ospite per la riproduzione. La *Lysimachia vulgaris*, invece, è visitata da altri insetti (ditteri, sifidi, ecc.). È quindi possibile trovare la pianta senza l'ape macropis, e non il contrario. Possiamo però notare che l'assenza dell'insetto specialista si ripercuote sulla pianta: ci sono meno semi e di conseguenza il tasso di riproduzione è più basso. Poiché la lisimachia attira la femmina di macropis producendo molecole specifiche e la sua fioritura avviene proprio quando l'ape lascia il nido, la loro interazione è il risultato di una coevoluzione che rende entrambe le specie vulnerabili. Se uno dei due partner scomparisse, l'altro ne soffrirebbe direttamente.

L'ape macropis, generalmente nera e lucida (con strisce gialle sulla faccia del maschio), misura tra gli otto e i nove millimetri. Le api macropis non si limitano alla lisimachia, poiché sia i maschi che le femmine consumano nettare dai fiori vicini per ricavarne energia. I maschi nascono prima delle femmine e le aspettano volando sopra la lisimachia per accoppiarsi. La femmina ha un modo piuttosto sorprendente di raccogliere polline e olio. Scavando nella corolla, sfrega contro gli stami con la parte ventrale dell'addome. Mentre lo fa, affonda le zampe anteriori nella base dei petali, dove si trova l'olio floreale. Tornata al nido, l'ape depone in tutti gli scomparti un panetto di polline misto a olio. Su ogni panetto viene poi deposto un uovo traslucido e brillante, che si schiude dopo quattro giorni. La larva consuma il polline in circa due settimane, a termine delle quali crea il suo bozzolo di seta. La generazione avviene una sola volta all'anno.

Questa singolare storia d'amore tra la lisimachia e la macropis comune testimonia la stretta dipendenza tra fiori e insetti che si è sviluppata nel corso dell'evoluzione.

La Vie en rouge

La lobelia del cardinale e il colibrì dalla gola rubbiconda

Colore della passione, del potere, del piacere e della bellezza, quando appare il rosso l'aria si fa effervescente! La sessualità delle piante non fa eccezione alla regola. Se state cercando di vedere i colibrì svolazzare allegramente in giro intorno ai fiori, vi basterà seguire il rosso delle corolle.

Ma gli uccelli non vedono questo colore come si pensa! Recenti esperimenti hanno rivelato che i colibrì e i nettarinidi hanno una sensibilità cromatica che permette loro di percepire colori che vanno dall'ultravioletto al giallo-arancio. Questo significa che non percepiscono il rosso come noi. Il rosso gli appare invece come un colore chiaro, quasi bianco, tanto contrastante quanto attraente.[4]

Alle nostre latitudini gli uccelli sono impollinatori occasionali, quindi tendiamo a dimenticarci di questa loro capacità. Tuttavia, alcuni passeriformi, come l'usignolo dalla testa nera, si nutrono di nettare durante la migrazione primaverile e por-

4 Si veda Aline Raynal-Roques, Albert Roguenant e Yves Sell, *Un amour d'Orchidée. Le Mariage de la fleur et de l'insecte*, Belin, Parigi 2005, p. 241.

tano il polline sulla fronte e sul becco. Qui, come altrove, agiscono da dispersori di semi inestimabili, che permettono alle piante di conquistare nuovi territori.

Gli uccelli che impollinano i fiori vivono principalmente nelle regioni tropicali e subtropicali, come il colibrì dalla gola rubiconda (*Anchilochus colubris*), una specie migratoria che viaggia tra Canada, Messico e America centrale e che si è infatuata della lobelia cardinale (*Lobelia cardinalis*).

I suoi fiori non sono molto profumati. Come se sapessero che gli uccelli, che hanno la vista migliore del regno animale, hanno solo uno scarso senso dell'olfatto. Appartenente alla famiglia delle Campanulaceae, la *Lobelia cardinalis* è un'erba perenne endemica del Quebec che vive in ambienti umidi. Fiorisce in estate con fiori nettari in grappoli eretti. Per i colibrì è irresistibile. Il suo stelo fiorito può raggiungere un metro di altezza. Il frutto è una capsula. I fiori sono di un rosso scarlatto brillante, come il manto setoso di un cardinale. Si aprono sul rachide dal basso verso l'alto e hanno una corolla con un labbro superiore a due lobi e un labbro inferiore a tre lobi. Cinque stami formano un tubo intorno allo stilo.

Il colibrì dalla gola rubiconda non è il suo unico impollinatore: anche altri colibrì e farfalle lo apprezzano. Ma entrambe le specie vivono negli stessi habitat: foreste, margini e paludi. Dove fiorisce la lobelia cardinale, *Archilochus colubris* vola nelle vicinanze. Il suo lungo becco è perfetto per entrare nel tubo del fiore. L'uccello ha anche una lingua allungabile, oltre che un modo incredibile di volare: il nostro colibrì riesce a librarsi sopra la pianta a circa sessanta battiti d'ala al secondo, con il becco immerso nella corolla per succhiare il nettare. Si nutre di altre specie floreali, oltre che di linfa e insetti, e può ingeri-

re il doppio del proprio peso in un giorno. Solitario e piccolo (è lungo nove centimetri), difende il suo territorio in modo aggressivo, attaccando eventuali rivali con il becco e le zampe. La femmina è leggermente più grande del maschio e ha la gola bianca, mentre il maschio è facile da individuare per via della sua gola sgargiante.

Gli animali piumati sono irresistibilmente attratti dal rosso, qualunque sia la vera tonalità percepita dai loro begli occhi, e spesso se ne vestono per sedurre le femmine. I ricercatori stanno studiando il gene responsabile di questa colorazione, che è presente anche nel fegato degli uccelli dalle piume rosse. Si pensa che elimini le sostanze tossiche ingerite e segnali alla femmina la buona salute del suo corteggiatore.

Mai uno senza l'altro
La yucca e la falena, una coppia fragile

La presenza della yucca è diventata pervasiva nella nostra vita quotidiana. La troviamo ovunque: all'interno, in casa e negli uffici, ma anche in parchi e giardini, e persino lungo le coste marine. Sebbene l'impollinazione artificiale di questa pianta sia notoriamente complicata, l'orticoltura ha prodotto numerose cultivar attraverso la moltiplicazione e l'ibridazione. Tuttavia, nella loro forma naturale, le circa quaranta specie di yucca esistenti riservano delle sorprese che meritano la nostra attenzione.

Con la sua imponente spiga fiorita, eretta o talvolta ricadente (come nel caso della *Yucca filifera*), che può raggiungere i tre metri di altezza, questa pianta non passa certo inosservata. Le sue decine di grandi fiori campanulati, di colore bianco-crema, la rendono un vero spettacolo. Il suo falso fusto, simile a quello di una palma, e le foglie rigide e acuminate, con una spina nella parte finale, conferiscono alla yucca un'aura distintiva. Questo genere, appartenente alla famiglia botanica delle Asparagaceae, condivide la sua distribuzione tra Messico e Stati Uniti. Al di fuori di quest'area, tuttavia, questa pianta perenne non produce frutti poiché per farlo necessita del suo impollinatore, assente alle nostre latitudini: una falena del genere *Tegeticula*, in simbiosi con la yucca.

Durante il giorno, queste farfalle si mimetizzano tra i fiori, mentre di notte i maschi svolazzano intorno alla pianta per accoppiarsi con le femmine. Quando si parla della riproduzione della yucca, l'attenzione si concentra sulle femmine: a differenza dei maschi, queste possiedono due tentacoli specializzati nella bocca che utilizzano per raccogliere il polline dal fiore. Le femmine, che misurano circa 2,5 centimetri, conservano quindi la pallina di polline sotto la testa. Il fiore della yucca presenta sei tepali, simili al tulipano. La sua apertura verso il basso potrebbe non sembrare ideale per gli insetti, ma di notte il suo colore funge da faro e li attira a sé. Le dimensioni imponenti dell'infiorescenza e il suo dolce profumo sono ulteriori attrattive. La parte femminile del fiore (gineceo) è composta da tre carpelli fusi, ognuno dei quali contiene tre ovari pieni di ovuli. Questi sono prolungati da tre lunghi stili fusi, ognuno con uno stigma trilobato all'estremità, che sporge più degli stami.

La parte maschile del fiore (androceo) consiste invece in sei stami, ciascuno fuso alla base di ogni tepalo. Il polline, costituito da piccole placche dure, non si separa facilmente e non è volatile, rendendo impossibile l'autofecondazione. È qui che entra in gioco la femmina di *Tegeticula* che, a partire dal crepuscolo, vola da un fiore all'altro per deporre le uova e assicurare la propria progenie.

Come si comporta la farfalla femmina?

Armata del polline della stessa specie di yucca, la farfalla visita poi un nuovo fiore. Si aggrappa a due stami e, con il suo ovopositore, inserisce l'uovo nell'ovario prima di risalire lo stilo fino allo stigma. Lì, utilizzando la testa, esegue movimenti precisi per depositare il polline. La farfalla ritorna giù per deporre un altro uovo e ripete queste operazioni finché lo stigma non è completamente ricoperto di polline. La farfalla è quindi attivamente coinvolta nell'impollinazione del fiore. In cambio, i suoi bruchi avranno semi da consumare durante la loro crescita.

La yucca produce una quantità considerevole di semi, garantendo così una numerosa progenie e una diffusione efficace dei semi. Inoltre, se l'insetto dovesse deporre troppe uova in un singolo fiore, la pianta può reagire causando la morte del fiore stesso, interrompendo così il flusso di linfa.

La precarietà della simbiosi

La farfalla *Tegeticula yucasella* è attualmente in pericolo di estinzione, il che mette a rischio anche la sua simbionte, la *Yucca glauca*. Le piante specializzate che si sono coevolute con un'unica specie di impollinatore sono infatti notevolmente più vulnerabili rispetto alle piante generaliste, che possono contare su più impollinatori. La simbiosi presenta sia vantaggi che svantaggi. In un ambiente stabile, questo tipo di partnership rafforza entrambe le parti e favorisce una buona riproduzione sessuale. Tuttavia, in un ambiente degradato, la situazione si inverte, portando a una maggiore vulnerabilità per entrambi i partner.

In lode del ladro

Un geco... perché no?

Bombi, api, farfalle, colibrì e molti altri sono coinvolti in relazioni mutualistiche con le piante che impollinano. L'evoluzione biologica è un processo in costante innovazione. Recentemente, si è scoperto che anche i gechi stanno giocando un ruolo crescente nell'impollinazione, principalmente a causa del cambiamento climatico e del declino degli insetti. Questi rettili insettivori stanno diventando sempre più importanti come impollinatori, soprattutto in isole come Madagascar, Réunion e Nuova Zelanda.

Questi vertebrati insettivori si nutrono infatti del nettare e del polline dei fiori, come dimostra una storia affascinante di mutualismo tra una lucertola (*Phelsuma inexpectata*), conosciuta come il "geco verde di Manapany", e un albero di latana (*Latania lontaroides*).

Un'unione di La Réunion

Il geco verde di Manapany è una lucertola arboricola diurna endemica dell'isola di Réunion, che abita solo una stretta fascia costiera di dieci chilometri nel sud dell'isola. Pur essendo principalmente insettivoro, apprezza anche la polpa della frutta, il nettare e persino il polline, che si procura rubandolo dalle zampe posteriori delle api. È caratterizzato da un colore verde mela, con piccole macchie rosse sul dorso e una striscia bianca e nera lungo ciascun lato degli occhi. Misura circa dieci centimetri; i maschi sono generalmente più grandi e colorati delle femmine.

L'albero di latana rossa non è l'unica pianta frequentata dal geco, che si avventura anche su pandani e altre palme. Tuttavia, come il suo prezioso visitatore, l'albero è presente solo sull'Isola di Réunion. Si tratta di una palma dioica che può raggiungere un'altezza di dieci metri, con foglie verdi, coriacee e a forma di ventaglio, poste all'estremità di un lungo fusto, che diventano rosse nei primi anni di vita della pianta. Le spine lungo i margini e le nervature delle foglie aiutano a distinguere questa particolare specie. Ha un singolo fusto grigio liscio con anelli formati da cicatrici fogliari. I fiori maschili presentano numerosi stami gialli raggruppati in un'infiorescenza che può arrivare fino a un metro di lunghezza, mentre le infiorescenze femminili possono raggiungere i due metri! Il geco, avido di polline, si ricopre di esso mentre visita i fiori maschili e poi cerca il nettare sulle infiorescenze femminili, contribuendo così alla fecondazione. Anche se la palma si affida ad altri animali come api e uccelli per l'impollinazione, il ruolo attivo del geco è cruciale per il processo. Inoltre, le dimensioni del geco favoriscono la riproduzione della palma.

I vantaggi per i vertebrati sono molteplici: l'albero di latano rosso fornisce loro polline, rifugi, possibili riserve d'acqua nelle fessure del tronco, un luogo per prendere il sole, potenziali siti di nidificazione e insetti da cacciare. Dopo la fioritura, il geco si nutre del liquido proveniente dalle cicatrici lasciate dalla caduta dei fiori. Successivamente, arrivano i frutti, carnosi, globosi, verdi e grandi come un uovo di gallina. Quando il geco mangia la polpa di questi frutti, noti come "mela latana", aiuta a disperderne i semi.

Si tratta di un incontro colorato e vantaggioso per entrambe le parti, che evidenzia il delicato equilibrio delle relazioni mutualistiche tra animali e piante.

Per flirtare con te
Agavi e pipistrelli

L'agave e l'aloe sono a volte confuse, poiché condividono molte somiglianze nonostante appartengano a famiglie botaniche distinte. Pur provenendo da continenti diversi, con le agavi originarie delle Americhe e del Messico, e le aloe dell'Africa subsahariana, entrambe queste piante hanno sviluppato forme simili in risposta a condizioni climatiche pressoché equivalenti, caratterizzate da calore e aridità. Tuttavia, rimangono piante diverse tra loro, soprattutto per quanto riguarda il ciclo riproduttivo. Mentre l'aloe fiorisce ripetutamente durante l'anno, l'agave fiorisce una sola volta nella sua vita, un evento che segna la sua fine.

Le agavi sono piante grasse appartenenti alla famiglia delle Asparagaceae, che prosperano in ambienti semidesertici. Le loro foglie, dure e fibrose, disposte a rosetta, sono munite di spine terminali appuntite e margini dentellati. I fiori tubolari, di colore verdastro, giallo o bianco, presentano solitamente sei tepali e crescono in ombrelle o pannocchie su steli che possono raggiungere diversi metri di altezza. Il nome del genere deriva dal greco *agavos*, che significa "magnifico".

Un gruppo di ricercatori è riuscito a datare l'origine del-

le agavi analizzando il DNA di diverse specie, concentrandosi sullo studio delle mutazioni presenti nel loro genoma. Si è scoperto che queste mutazioni si verificano con una regolarità metronomica, il che consente di utilizzarle per risalire nel tempo. Secondo questi calcoli, il genere *Agave* ha iniziato la sua storia circa dodici milioni di anni fa. Il genere è quindi relativamente recente e si è evoluto e diversificato rapidamente nel corso del tempo. Si ipotizza che, all'inizio, le prime agavi fossero impollinate dagli insetti. Successivamente, si sarebbe instaurata una sorprendente collaborazione tra queste piante e i pipistrelli che si nutrono di nettare, come dimostrato dall'analisi del genoma di questi mammiferi, apparsi anch'essi circa dodici milioni di anni fa. Questo incontro è stato fondamentale per il successo e la prosperità di entrambi.

Essere desiderati senza eccessi

L'antenato dei pipistrelli mangiatori di nettare si nutriva principalmente di insetti, che ha trovato sull'antenato delle odierne agavi. Visitando questi fiori ricchi di insetti, il chirottero ha iniziato a incorporare nuove fonti di energia nella sua dieta: il polline e il generoso nettare floreale. Così, le agavi hanno trovato un nuovo impollinatore, sebbene vorace e maldestro – l'animale è noto per graffiare e strappare i fiori che visita – ma comunque efficace! Per soddisfare il chirottero, è necessario un nettare abbondante, facilmente accessibile in fiori di grandi dimensioni. Il costo energetico è notevole. Inoltre, essendo il genere monocarpico, le agavi dedicano così tanta energia alla produzione della loro infiorescenza che fioriscono una sola volta, alla fine di un lento processo di crescita che può durare diversi decenni.

Tuttavia, con un partner come il mammifero volante, che si ricopre di polline a ogni sua visita notturna, la riproduzione sessuale ha maggiori possibilità di andare a buon fine. In caso di fallimento, anche se l'agave muore, si perpetua vegetativamente facendo germogliare nuovi getti.

Secondo alcune antiche leggende, l'agave fiorirebbe solo al raggiungimento dei cento anni di età. In realtà, era soltanto difficile essere presenti al momento giusto per vederlo succedere. "Per un incontro con te, farei qualsiasi cosa...", certo, ma aspettare un secolo sarebbe stato chiedere troppo! La magnifica agave si deve quindi far desiderare senza eccessi, altrimenti l'animale finirebbe per lasciar perdere...

Alto, basso, fragile

L'albero del viaggiatore e il suo amico lemure variegato

Endemico ed emblematico del Madagascar, l'albero del viaggiatore (*Ravenala madagascariensis*) deve il suo soprannome al fatto che la sua abbondante linfa è dissetante. I viaggiatori che attraversavano le foreste dell'est dell'isola, suo habitat originario, potevano dissetarsi con essa. Tuttavia, il suo nome vernacolare è fuorviante: l'albero del viaggiatore non è un albero, ma una pianta erbacea della famiglia delle Strelitziaceae.

Può raggiungere un'altezza impressionante, arrivando a toccare i venti metri. All'estremità del fusto, lunghi piccioli portano ampie foglie sempreverdi, facilmente riconoscibili perché disposte a ventaglio. L'acqua piovana trattenuta dalla lamina fogliare, che tende a ripiegarsi, funge da abbeveratoio per la fauna selvatica, tra cui zanzare, uccelli, coleotteri, ecc.

I fiori, con spate lunghe circa una quindicina di centimetri, presentano tre sepali petaloidi bianchi, tre petali blu fusi in forma sagittata, cinque stami, il pistillo e il nettare, di cui godono uno dei maggiori impollinatori del mondo vegetale dopo l'uomo: la scimmia. In particolare, il lemure variegato bianco e nero svolge questo ruolo. Le scimmie, spesso sottovalutate come vettori di impollinazione e disseminazione, sono in realtà fondamentali per molte piante.

L'albero del viaggiatore inizia a fiorire sull'isola a settembre. Le infiorescenze a spiga compaiono in corrispondenza dell'ascella delle foglie. Anche i frutti commestibili, con i loro semi (arilli) di colore blu intenso, attirano gli uccelli. Si tratta di capsule a sei cellule a forma di piccole banane.

Un lemure grande e delicato

Il lemure variegato (*Varecia variegata*) vive in piccoli gruppi sulle cime degli alberi e raramente scende a terra, quindi si adatta perfettamente alle alture dell'albero del viaggiatore. Quando si nutre dello zucchero dei fiori di quest'ultimo, che offre non solo polline ma anche nettare, il suo muso si ricopre completamente di granelli di polline. Successivamente, l'animale deposita i preziosi gameti maschili sugli stigmi di un'infiorescenza vicina. Grande come un grosso gatto, il lemure variegato può danneggiare la pianta più di un insetto, ma trasporta anche una maggiore quantità di polline. La sua scomparsa rappresenterebbe una perdita considerevole per diverse piante endemiche dell'isola, che dipendono da questo impollinatore per la riproduzione. Purtroppo, questo particolare lemure è oggi minacciato di estinzione a causa della deforestazione, del riscaldamento globale e della caccia. Data l'altitudine del suo habitat, individuarlo non è facile, ma è possibile sentirlo emettere una varietà di richiami ad alta voce. Si distingue dagli altri lemuri per le sue dimensioni imponenti, la folta e morbida pelliccia bicolore bianca e nera e la lunga coda.

Anche pipistrelli e uccelli si nutrono dell'albero del viaggiatore, il cui sistema riproduttivo non dipende quindi esclusivamente dal lemure variegato. Tuttavia, come in ogni ecosistema, la perdita di una specie provoca uno sconvolgimento duraturo delle altre, con conseguenze a cascata spesso irreparabili. Si spera che le misure di protezione messe in atto a partire dal 2000 possano salvare questo lemure, importante alleato di un albero insostituibile per i malgasci. E che il viaggio del polline, sul suo muso nero e sotto i suoi occhi rotondi e interrogativi, possa continuare anche in futuro.

Ho scelto il mio campione

I fiori di Banksia e il topo del miele

I fiori delle *Banksia*, genere endemico dell'Australia, sono rinomati per la loro ricchezza di nettare e polline. Appartenenti alla famiglia delle Proteaceae, spiccano per le loro enormi infiorescenze, che possono contenere fino a diverse migliaia di fiori disposti a spirale intorno al rachide. La forma dell'infiorescenza varia, spesso assumendo l'aspetto di una spiga eretta simile a una spazzola, ma alcune specie presentano infiorescenze a forma di cupola. I fiori, che si distinguono per colori scintillanti come giallo, rosso, rosa, arancione, ecc., sono un elemento iconico della flora australiana. Le *Banksia* possono essere alberi o arbusti cespugliosi, con fiori che si aprono dal basso verso l'alto o viceversa. I pistilli, allungati, si offrono all'impollinazione uno dopo l'altro. Il fogliame, sempreverde, è composto da foglie piuttosto spesse, disposte a spirale, con una lama delicatamente seghettata e più chiara nella parte inferiore. Spesso presentano peli sulle foglie, sulle brattee e sul perianzio.

Questi alberi devono il loro nome al naturalista inglese Joseph Banks, che li scoprì nel XVIII secolo durante la prima spedizione di James Cook. Fu il naturalista svedese Carl von

Linné ad assegnare loro un nome e a descriverli. Le *Banksia* sono piante pirofile: i loro frutti legnosi devono essere stimolati dal fuoco per rilasciare i semi alati, e il fuoco svolge un ruolo attivo anche nella germinazione. I fiori vengono impollinati da insetti, uccelli e piccoli mammiferi. Tra questi ultimi, spicca il topo del miele (*Tarsipes rostratus*), che si nutre non di miele, ma di nettare e polline!

Un "topo" divertente

Il *Tarsipes rostratus* è il più piccolo marsupiale conosciuto e uno dei pochi ad avere una visione tricromatica simile alla nostra. Alla nascita, pesa meno di cinque milligrammi. Da adulto, la femmina è più pesante (quindici grammi) e più grande (nove centimetri) del maschio, che pesa otto grammi e misura in media sette centimetri. Nonostante le sue dimensioni ridotte, questo mammifero è un gran mangiatore, attivo per lo più durante la notte ma anche di giorno. Alcune specie di *Banksia* emettono un forte odore nelle ore notturne per attirarlo strategicamente.

Durante l'allattamento, la femmina consuma fino al dieci percento del suo peso corporeo in una sola notte. Il suo muso appuntito e la lingua lunga ed estensibile, terminante con una spazzola, sono adatti per raggiungere i fiori e raccogliere dolci spuntini. Utilizza la sua coda prensile, più lunga del corpo, per arrampicarsi e attraversare l'albero o il cespuglio da un fiore all'altro, durante i quali il polline si attacca alla testa e alla pelliccia.

Il maschio detiene un record sorprendente: non solo ha i

testicoli più grandi (in proporzione alle sue dimensioni), ma anche gli spermatozoi più lunghi dell'intero regno animale! La *Banksia* apprezza questo efficiente impollinatore, poiché si riproduce in abbondanza. Più sono gli spermatozoi, maggiori sono le possibilità di riproduzione della pianta. In cambio, fornisce una quantità impressionante di nettare. Il topo del miele può bere fino a sette millilitri di nettare al giorno – una generosa dose di zucchero per un animaletto così piccolo! Successivamente, cade in un sonno talmente profondo che, anche se lo si tenesse tra le mani, non si sveglierebbe.

È molto probabile che il genere *Banksia* si sia coevoluto con il marsupiale, poiché produce più polline e nettare rispetto alle altre Proteaceae, oltre a soddisfare le esigenze degli insetti. Questo minuscolo animale è l'unico mammifero non volante a essere esclusivamente nettarivoro. Si trova solo in Australia, non lontano da quelle generose piante che hanno tutto per sedurlo. E viceversa. Con una femmina marsupiale molto attiva e un maschio molto muscoloso, le nostre *Banksia* hanno di che divertirsi!

Mi va bene tutto...

L'importanza di essere volubili

La relazione simbiotica tra le Angiosperme specializzate e i loro particolari partner consente a entrambi di trarne vantaggio reciproco. Tuttavia, questa mutualità non è priva di rischi. Pertanto, per evitare di dipendere eccessivamente dalla presenza del loro impollinatore, le piante da fiore tendono ad agire generalmente come generaliste quando si tratta della loro sessualità. Ciò significa che per la riproduzione si affidano alla collaborazione di diversi insetti impollinatori. Se una specie di insetto manca nell'ambiente di una pianta generalista, altri insetti possono svolgere comunque il compito in modo efficace.

A titolo di esempio, consideriamo alcuni fiori rinomati per la loro straordinaria bellezza: all'interno della famiglia delle Papaveraceae, con le sue corolle setose e vivaci, troviamo il *Papaver*... un fiore che incanta davvero nel vero senso della parola! È sufficiente pensare agli effetti dell'oppio e dei suoi derivati, come l'eroina, la morfina e la codeina, che l'uomo estrae dalle molecole presenti nel lattice di queste piante: i noti alcaloidi.

“Vai a vedere altrove se ci sono”

Gli alcaloidi presenti nei papaveri non sono destinati a drogare gli insetti, ma piuttosto a scoraggiarli dal consumare la pianta e le sue foglie. Queste sostanze non solo conferiscono un sapore repellente, ma agiscono anche sul sistema nervoso degli insetti, dissuadendoli dal banchettare. È un meccanismo di difesa attraverso il quale la pianta conserva la sua energia per fornire agli impollinatori stami vigorosi e pistilli carnosi.

Nei papaveri, gli stami sono solitamente numerosi e circondano gli stimmi disposti a raggiera intorno a un disco centrale. Questa disposizione rivela la presenza di molti ovuli.

Il genere *Papaver* comprende diverse decine di specie, tra le quali le più famose sono il papavero comune, il papavero sonnifero e il papavero orientale, noto anche come papavero di Tournefort. Quest’ultimo nome è un omaggio al botanico francese Joseph Pitton de Tournefort, che lo scoprì nel XVII secolo durante un viaggio nel Levante e lo presentò al re Luigi XIV insieme a più di mille altre piante.

I papaveri sono piante erbacee annuali o perenni che fioriscono dalla primavera. I loro fiori solitari presentano due sepali verdi e pelosi, all’interno dei quali si trovano da quattro a sei petali di vari colori, tra cui rosa, bianco, rosso e nero. Anche le foglie, profondamente dentellate, sono pelose, così come il fusto. Il frutto, una capsula globosa con un coperchio, contiene numerosi semi da cui è possibile estrarre l’olio di papavero, così come i semi blu di una varietà coltivata del papavero sonnifero, utilizzato tradizionalmente nella preparazione di dolci. Grazie alla loro popolarità, i papaveri sono tra i fiori più amati nei nostri giardini, spesso utilizzati anche nelle composizioni di fiori secchi.

Un grande vantaggio dei papaveri è la loro produzione di abbondante polline, che attira numerosi impollinatori verso la pianta. Tuttavia, i papaveri non producono nettare, motivo per cui le farfalle che li amano tendono a preferire altre fonti di nutrimento.

I papaveri hanno una vasta gamma di partner sessuali, tra cui insetti Imenotteri (api, vespe, ecc.), Ditteri (mosche, moscerini, ecc.) e, più raramente, Coleotteri (scarabei, edemoni).

A chi spetta la medaglia d'oro per l'impollinazione nel nostro clima?

Le api e i bombi sono tra i campioni dell'impollinazione dei fiori, poiché dipendono fortemente dal polline e dal nettare come fonti di cibo. Questi insetti hanno sviluppato molte strategie per raccogliere grandi quantità di cibo in modo efficiente. Per esempio, marcano i fiori che visitano con feromoni per informare le loro compagne, che poi si uniscono rapidamente per bottinare. Le antenne di un'ape possono percepire diverse centinaia di odori di fiori che noi non riusciamo a sentire. Inoltre, le api mostrano una preferenza per gli odori sottili rispetto a quelli forti.

Le api hanno una visione tricromatica simile alla nostra, ma con alcune differenze. Per esempio, distinguono tra ultravioletto, blu, viola, giallo e verde. Anche se non vedono il rosso come noi, la presenza della luce ultravioletta consente loro di individuare fiori, come quelli dei papaveri, che possono apparire grigi ma sono comunque visitati per il polline. Nonostante i fiori di alcune Papaveraceae possano durare solo un giorno e non offrano alcun nettare, attirano comunque molte api solitarie, bombi e sirfidi grazie alla ricca offerta di polline.

Un ulteriore vantaggio delle api è la loro capacità di percepire il movimento, preferendo i fiori che ondeggiano al vento. Inoltre, riescono a orientarsi al buio, il che consente loro di tornare all'alveare anche dopo il tramonto. Queste abilità sensoriali e comportamentali delle api sono fondamentali per il loro ruolo nell'impollinazione dei fiori e nel mantenimento degli ecosistemi.

Un bacio rubato

L'affascinante Psychotria elata

La *Psychotria elata*, conosciuta come "pianta del bacio" o "labbra calde", è un arbusto semi-legnoso originario dell'America centrale e meridionale, presente principalmente in Costa Rica, Colombia e Nicaragua, nelle foreste pluviali tropicali. Appartenente alla famiglia delle Rubiaceae, la stessa famiglia di piante che include il caffè e la gardenia, la *Psychotria elata* può raggiungere un'altezza massima di circa tre metri ed è spesso un'epifita, il che significa che cresce su alberi, tronchi o rampicanti.

La *Psychotria elata* utilizza uno stratagemma sorprendente per attirare gli impollinatori, tra cui troviamo colibrì, farfalle e insetti di grandi dimensioni. Le sue foglie trasformate, o brattee, si convertono in labbra lussureggianti di un rosso acceso, simili ai tubetti di rossetto. All'interno di queste "labbra", la pianta produce piccoli fiori a forma di stella, generalmente di colore crema o bianco e privi di profumo. Questi fiori si schiudono uno alla volta nel cuore delle brattee rosse, creando un accattivante effetto visivo. La fioritura di solito avviene da gennaio a marzo. Gli arbusti di *Psychotria elata* hanno rami eretti

e rossastri che si ramificano bene quando sono illuminati. Le foglie ovali, con picciolo corto, sono di colore verde lucido e si dispongono in modo opposto lungo i rami. Queste foglie possono essere pubescenti e acuminate, mettendo in evidenza il contrasto creato dalle brattee rosse a forma di labbra. I frutti della pianta presentano "labbra" carnose all'estremità del peduncolo e sono piccole bacche blu. I semi contenuti nei frutti vengono diffusi dagli uccelli una volta ingeriti.

Ma il sotterfugio vale la pena? Colibrì e farfalle trovano del nettare in queste infiorescenze di piccoli fiori travestiti da cortigiane? Sappiamo che le piante hanno la capacità di ingannare i loro partner animali senza fornire in cambio dolci spuntini. Ne troviamo molti esempi nella famiglia delle orchidee. Ma la nostra pianta del bacio non è una di queste. Nutre di nettare i suoi impollinatori, ringraziandoli per la loro collaborazione. Per quanto riguarda la sua sessualità, è sorprendente che, per evitare l'autofecondazione, la pianta abbia una doppia morfologia floreale. Ciò significa che i suoi fiori esistono in due forme, a volte con stami più lunghi dei pistilli, a volte con stami più corti. Questo fenomeno è noto come "eterostilia". Uno stratagemma insolito che protegge il vigore della specie. Nella fecondazione incrociata, il polline di un individuo con stami lunghi sarà compatibile con il pistillo lungo di un altro individuo. Il vantaggio di questo tipo di sessualità è che il patrimonio genetico si rinnova senza sosta; lo svantaggio è che questa autoincompatibilità sessuale riduce il tasso di riproduzione, rendendo l'arbusto, già minacciato dalla deforestazione, ancora più raro. Da qui l'importanza di preservare i suoi impollinatori, i colibrì e le farfalle attratti dalle infiorescen-

ze di *Psychotria elata*, le cui brattee polpose possono essere chiaramente visibili grazie alla luce ultravioletta.

Questa affascinante provocazione della pianta del bacio sarà sufficiente a garantirne la sopravvivenza?

IV

TI AMO...
NEMMENO IO

Un gioco da ragazzi tra piante, insetti e uccelli

Un divertente bordello

Il fico mediterraneo e la vespa Blastofaga

Il mutualismo tra specie vegetali e animali non è sempre immediatamente evidente. Per lungo tempo, la vespa Blastofaga (*Blastophaga psenes*), un piccolo insetto che misura tra uno e due millimetri, ha sfruttato il fico per la riproduzione senza offrire nulla in cambio. Si trattava di una relazione a senso unico, con l'insetto che non forniva altro che galle. In sostanza, la vespa stava parassitando la pianta. Tuttavia, ci vuole molto di più per scoraggiare una pianta... Nel corso della sua evoluzione, il fico ha infatti riequilibrato il suo rapporto con la mini-vespa in modo astuto.

Il fico non è un frutto

Il fico, appartenente alla famiglia delle Moraceae – la stessa del gelso e dell'arancio Osage – ha sviluppato un complesso sistema di riproduzione in tre fasi. Innanzitutto, va precisato che il fico non è un frutto nel senso classico, ma piuttosto un ricettacolo floreale chiuso chiamato "sicone". All'interno di questo sicone si trovano i fiori maschili e/o femminili, che

crescono in modo nascosto. Poiché i fiori non maturano contemporaneamente, l'autoimpollinazione è impossibile. Ma come avviene l'impollinazione in questa particolare struttura?

Solo le piccole vespe della famiglia degli Agaonidi possono penetrare nel sicone attraverso un piccolo foro chiamato ostiolo situato alla sua base. Il fico della nostra regione produce ogni anno tre tipi di fichi, di cui solo uno è commestibile, la varietà estiva. In primavera, il primo tipo, quello dei profichi, non commestibile, presenta numerosi fiori femminili e alcuni fiori maschili vicino all'ostiolo. Questo fico accoglie il suo unico impollinatore, la nostra blastofaga femmina, che non può emergere completamente dal fico poiché perde le ali passando attraverso l'ostiolo. La vespa si dedica quindi alla sua missione: deporre le uova per garantire la propria discendenza. I fiori femminili dei profichi hanno stili corti, requisito essenziale affinché la vespa possa raggiungere gli ovari e deporre le sue larve, poiché l'ovopositore dell'insetto deve essere più lungo dello stilo del fiore per farlo in modo efficace.

All'inizio dell'estate, le larve, ormai adulte, si accoppiano nel loro rifugio e le giovani vespe della seconda generazione lasciano il fico. Per uscire, non hanno altra scelta che passare attraverso i fiori maschili situati in corrispondenza dell'ostiolo, dove si ricoprono di polline. Le vespe maschio senza ali agevolano la loro uscita creando dei tunnel con i loro organi riproduttivi. Una volta completata la missione, questi devoti insetti muoiono all'interno del sicone.

Il secondo tipo di fico, quello estivo, contiene solo fiori femminili con stili lunghi. Questi ingannano gli insetti blastofagi, che cercano di deporre le uova senza successo. È la pianta a trarne beneficio, poiché gli insetti depositano il polline sugli stigmi dei fiori. Questi fichi diventano commestibili.[1] La piccola vespa femmina, invece, non riesce a emergere e rimane intrappolata, morendo nell'infiorescenza impollinata.

In autunno, il terzo tipo di fico, chiamato mamma, che non è commestibile, viene nuovamente utilizzato come nido. Le larve vi trascorrono l'inverno, e la primavera successiva si accoppiano affinché le femmine fecondate possano partire alla ricerca di profichi. E così il ciclo ricomincia da capo.[2]

I sessi del fico: un'allegra confusione!

La complessità del ciclo del fico, che comprende sia piante monoiche che dioiche, è un esempio straordinario di adattamento evolutivo e di interazione simbiotica tra la pianta e l'insetto. Le piante maschili producono fiori maschili e femminili con stili corti, che fungono da rifugio per le uova dell'insetto, mentre le piante femminili producono fiori femminili con stili lunghi che danno origine alle future piantine una volta impollinati.

Il fico mediterraneo sacrifica due generazioni di fiori su tre per favorire questa interazione simbiotica, fornendo nutri-

1 Consumiamo soprattutto fichi coltivati, di varietà partenocarpiche (con semi abortiti).
2 Queste informazioni provengono dal libro dell'entomologo Vincent Albouy, *Pollination. Le Génie de la nature*, Éditions Quæ, Versailles 2018.

mento e alloggio al suo simbionte, l'insetto, che a sua volta, ingannato, contribuisce alla polinizzazione dei fiori di fico. Nei profichi e nelle mamme del fico, la vespa trova un rifugio sicuro per la crescita delle sue larve e anche un ambiente adatto al proprio ciclo di vita riproduttivo.

La complessità e l'inganno coinvolti nel ciclo del fico evidenziano la natura intelligente ma anche precaria di questo patto evolutivo. Non è semplice trasformare un rapporto unilaterale in uno reciproco, ma questa interazione dimostra quanto la natura sia sorprendentemente adattabile e complessa.

Ti restituisco il tuo martello!

La trappola sessuale delle orchidee Drakaea elastica

Le orchidee sono maestre nell'arte dell'inganno nel regno delle pratiche sessuali, e le vespe maschio appartenenti alla famiglia dei Thynnidi ne sono ben consapevoli. L'orchidea martello *Drakaea elastica*, una seduttrice irresistibile, si avvale di un abile stratagemma per attrarre l'insetto: un sofisticato travestimento! Si veste infatti con una peluria delicata e, soprattutto, emana un seducente profumo che imita i feromoni sessuali delle femmine di questa famiglia. Per essere impollinato con successo, il labello del fiore (il petalo specializzato dove l'insetto si posa) assume il profumo della compagna impollinatrice grazie agli osmofori, ghiandole situate nella parte superiore del labello che secernono un composto volatile. Questo trucco induce la vespa maschio a rimanere più a lungo sul fiore, illudendosi di fare l'amore con una femmina.

La vespa femmina, che vive sottoterra e non ha ali, emerge dal suo nido in autunno per accoppiarsi. Spesso si arrampica sui fili d'erba, un'azione che inganna ulteriormente il maschio, poiché l'orchidea martello cresce tra questi stessi fili e fiorisce proprio in quel periodo dell'anno. Durante il volo nuziale,

il maschio ingravida la femmina, la nutre e la deposita a terra, preferibilmente vicino a qualche verme, le cui larve serviranno a sfamare quelle delle sua dolce metà. Tuttavia, quando il maschio atterra sul labello dell'orchidea, si eccita e crede di aver trovato una femmina. L'agitazione che ne deriva fa muovere il labello, tirando l'insetto contro i due pollini. Il gioco è fatto: l'insetto attirato vola via con i pollini attaccati al torace. Ogni specie del genere *Drakaea* attira la propria vespa tinnide, e *Drakaea elastica* inganna il maschio di *Zaspilothynnus nigripes*.

Ritratto di una seduttrice nuda

La *Drakaea elastica* deve il suo soprannome di orchidea martello non solo perché fa impazzire il raccoglitore che le fa visita, ma anche alla forma a T del suo labello, che ricorda l'attrezzo, sebbene sia molto più affascinante. Appartenente alla famiglia delle Orchidaceae, composta da circa ventiseimila specie, la *Drakaea elastica* è endemica della pianura costiera di Swan, nell'Australia occidentale. Pur essendo una specie terrestre, in questa vasta famiglia esistono molte orchidee epifite. La struttura dell'orchidea martello è caratterizzata da una singola foglia cuoriforme, lucida e carnosa, da uno stelo fiorito sottile e privo di peli alto circa trenta centimetri, e naturalmente, dal suo fiore. Il frutto è una capsula che si divide longitudinalmente e contiene un gran numero di semi. Nel terreno si trova il suo tubero.

Le orchidee hanno bisogno dei funghi per germinare, poiché i piccoli semi sono poveri di sostanze nutritive. Attraverso di essi, ricevono acqua, sali minerali e anidride carbonica. Alcune orchidee non fotosintetiche dipendono dal loro fungo per tutta la vita, mentre altre ne hanno bisogno solo durante la fase di crescita. Questo fenomeno è noto come "micorriza", una relazione simbiotica tra le radici delle piante e i funghi.

L'invenzione sessuale delle orchidee

Nel corso dell'evoluzione, un fenomeno distintivo della famiglia delle orchidee ha ottimizzato la loro sessualità: l'invenzione del ginostemio. Si tratta di una colonna fertile creata da queste piante al centro del fiore, dove sono abilmente fusi l'organo maschile (lo stame, che produce il polline) e l'organo femminile (stilo e stigma). Il termine stesso di ginostemio riflette questa fusione: *gyno* per femmina e *stamen* per stame.

Un'altra caratteristica unica delle orchidee è il labello, un petalo distintivo per forma e ornamentazione che attira gli impollinatori. A seconda della specie, può essere passivo o mobile, funge da pista di atterraggio per i raccoglitori e talvolta come segnale sessuale, facilitando l'adesione del polline al corpo dell'insetto.

Inoltre, i pollini specifici di questa famiglia di piante non contengono grani volatili, ma una massa di polline appiccicosa. Questa caratteristica consente a un solo impollinatore di trasportare i gameti maschili in dei pacchetti.

Grazie a queste caratteristiche uniche, l'orchidea, che può anche autoimpollinarsi, aumenta le probabilità di successo della sua riproduzione sessuale. Tuttavia, nonostante producano una grande quantità di semi tra le piante da fiore, le orchidee si riproducono male e danno pochi frutti nel loro ambiente naturale. La scarsità di impollinatori, gli attacchi di erbivori o insetti e il deterioramento dell'ambiente da parte dell'uomo rappresentano ostacoli significativi all'accoppiamento. La *Drakaea elastica* è inserita nella lista delle specie a rischio di estinzione. Essendo una pianta nettarifera, molti insetti risentirebbero della sua mancanza... A prescindere da quello che può pensare il piccolo maschio di vespa ingannato, la natura ha bisogno di tutto! Soprattutto, deve conservare i tesori dell'evoluzione, che hanno raggiunto un altissimo livello di complessità e interdipendenza.

Prendimi per un'altra

Quando un'orchidea imita i fiori del proprio ambiente

Tra le moltissime orchidee esistenti al mondo, alcune specie hanno sviluppato la sorprendente capacità di imitare piante di famiglie diverse dalla propria. L'orchidea *Disa ferruginea*, per esempio, ha adottato i colori di due fiori del suo ambiente: la *Tritoniopsis triticea*, della famiglia delle Iridaceae, e la *Kniphofia uvaria*, della famiglia delle Asphodelaceae. Questo fenomeno è noto come "mimetismo batesiano", è stato scoperto nelle foreste amazzoniche da Henry Bates nel XIX secolo, quando l'entomologo studiò delle farfalle in grado di copiare i colori e il comportamento di farfalle tossiche, tassonomicamente distanti, allo scopo di non essere mangiate dagli uccelli.

L'orchidea mimetica non produce nettare, il che la rende poco attraente per gli impollinatori lepidotteri. Tuttavia, le altre due piante che abbiamo nominato – la *Tritoniopsis triticea* e la *Kniphofia uvaria* – offrono alla farfalla *Aeropetes tulbaghia* un posto perfetto. Poiché queste piante e l'insetto condividono lo stesso habitat, la farfalla vola da un fiore all'altro senza fare alcuna distinzione con l'orchidea. Presa dal suo stesso slancio, impollina l'orchidea ma non riceve nulla in cambio. Tutti i protagonisti di questa storia meravigliosamente ingannevole vivono nello stesso biotopo nella Provincia del Capo in Sudafrica. Le tre piante fioriscono contemporaneamente, in estate, con un beneficio molto concreto per l'orchidea che, quando cresce tra Iridaceae e Asphodelaceae, è infatti più fertile.

Un mimetismo discreto ma segreto

Sembrerebbe che l'esca non sia il risultato di una strategia dell'orchidea stessa, ma della convivenza di popolazioni diverse e, quindi, della coevoluzione. Nel corso del tempo, nell'orchidea non nettarifera sarebbero comparsi colori simili a quelli del fiore di un'altra famiglia. Riproducendosi meglio, questo tratto si avrebbe mantenuto, fino a dominare la specie. Il mimetismo animale è stato molto più studiato rispetto al mimetismo vegetale, ancora piuttosto misterioso. Per spiegare quest'ultimo sono state avanzate diverse ipotesi scientifiche: coevoluzione, trasferimento di geni tra piante tramite vettori di tipo batterico, copie genetiche di emissioni volatili, ecc. In particolare, i botanici sono affascinati da una scoperta fatta in Cile nel 2014. La vite *Boquila trifoliata* imita le foglie della pianta su cui cresce. Paragonata a un camaleonte, questa liana della Virginia è in grado di modificare le dimensioni, la forma, il colore, l'aspetto e l'orientamento delle sue foglie a seconda del supporto su cui si trova! La stessa pianta avrà quindi un aspetto polimorfo, e un ramo arrotolato su una determinata specie differirà nettamente da un ramo che si arrampica su un'altra. Uno studio condotto su questa liana e sul suo com-

portamento in presenza di una decina di specie arboree diverse conferma questa impareggiabile capacità mimetica.

Ritratto di un imitatore fiammeggiante

L'orchidea *Disa ferruginea* offre all'impollinatore delle farfalle due tipi di infiorescenze. Alcune hanno fiori rossi, come quelli della *Tritoniopsis triticea* – della famiglia delle Iridacee – mentre altre hanno fiori arancioni, come quelli della *Kniphofia uvaria*, che è invece un'Asfodelacea. Questa orchidea terrestre è alta quaranta centimetri e cresce nelle macchie del Sudafrica alla fine dell'estate, in particolare sulla cosiddetta montagna della Tavola, che domina Città del Capo. Presenta foglie inguainanti lungo il fusto e alcune sottili foglie lineari che si sviluppano dopo la fioritura. L'infiorescenza a grappolo presenta molti fiori di colore rosso o arancione brillante, con aree gialle alla base dei petali e sulla colonna. L'imitazione del rosso e dell'arancione in questi due motivi floreali può sorprendere, poiché le farfalle non riescono a vedere questi colori. Possono distinguere solo il blu, l'ultravioletto, il verde e il giallo. Il rosso viene infatti percepito come grigio, quindi le aree gialle servono a guidare l'insetto verso gli organi riproduttivi del fiore. La nostra bella orchidea ingannatrice si è adattata anche al fuoco, che ne può stimolare la fioritura.

Per mangiarti meglio, insetto mio

Storia d'amore tra una pianta carnivora e le sue formiche

Le *Nepenthes*, piante carnivore della famiglia delle Nepenthaceae, sono famose per le loro urne, utilizzate per catturare gli insetti. Questi poveretti, attratti dal nettare, cadono nella trappola e annegano. La pianta li digerisce, e ne ricava sostanze nutritive, principalmente azoto assimilabile e fosfato. Si ritiene che la povertà del suolo nel loro ambiente naturale sia la ragione per cui alcune piante sono diventate carnivore nel corso del tempo. Per sopravvivere attraverso la predazione, queste piante hanno dovuto sviluppare ogni sorta di meccanismo: trappole passive o attive, come le urne per il nettare, che talvolta sono addirittura avvelenate. La pianta lanciatrice gialla (*Sarracenia flava*) droga e paralizza i suoi visitatori con un potente narcotico. Esistono piante carnivore con foglie pungenti che si chiudono implacabilmente non appena vengono toccate; alcune producono una mucillagine dolce, irresistibile ma molto appiccicosa; una pianta lanciatrice (*Sarracenia psittacina*) ha addirittura un labirinto dal quale l'insetto non riesce mai a uscire. Qualunque sia l'origine delle loro trappole mor-

tali, tutte hanno dovuto imparare a digerire le prede secernendo enzimi digestivi.

Le vittime che perdono l'equilibrio, cadono, affondano, si esauriscono, si avvelenano e annegano in questi "stomaci vegetali" sono per lo più creature molto piccole: insetti, vermi, acari e ragni. Tuttavia, alcune piante carnivore sono in grado di intrappolare e digerire anche anfibi, toporagni e ratti!

Tra le temibili *Nepenthes*, una specie si distingue in modo particolare: una mirmecofila. Ciò significa che si tratta di una pianta che vive in stretta associazione con le formiche. La mirmecofilia è una tendenza ben nota ai botanici, poiché coinvolge molte piante. Tuttavia, i carnivori di solito non sono mirmecofili. La *Nepenthes bicalcarata* si nutre di insetti, ma fornisce anche un rifugio alla formica *Camponotus schmitzi*. Queste formiche carpentiere, di colore giallo-brunastro o arancione-rossastro, formano piccole colonie e sono endemiche dell'isola del Borneo. Capaci di nuotare senza perdere la vita nel liquido dell'urna della pianta, rimuovono qualsiasi preda che, per dimensioni o quantità, potrebbe causare la putrefazione della trappola. Questo compito richiede la collaborazione di tutti i membri della colonia e può durare molte ore. Le formiche si rifugiano nei viticci cavi della pianta dove allevano le loro larve, nutrendosi di prede ma anche del nettare prodotto da ghiandole molto sviluppate intorno alle "zanne" della pianta. Attaccano i curculionidi che minacciano le giovani foglie o le pannocchie dei fiori. L'insetto dipende dalla pianta carnivora per sopravvivere, mentre dall'altra parte la pianta carnivora raccoglie i frutti di questa collaborazione.

Una bella liana che uccide e nutre

Nel cuore della principale foresta alluvionale del Borneo, la vite carnivora *Nepenthes bicalcarata* può raggiungere un'altezza di venti metri. Si riconosce per la presenza di due zanne appena sotto l'opercolo di ciascuna delle sue urne. Intorno a queste zanne si trovano ghiandole nettarifere che producono un abbondante nettare. Le foglie coriacee e picciolate sono tra le più grandi del genere, con dimensioni fino a ottanta centimetri di lunghezza e dodici di larghezza. I viticci che prolungano la lamina fogliare sono cavi e gonfi in prossimità dell'urna. Quest'ultima, conosciuta nel linguaggio botanico come "ascidio", può avere una capacità superiore a un litro, ed è alta venticinque centimetri e larga quindici. Il peristoma, il bordo dell'urna, è curvato verso l'interno e presenta piccoli denti.

Il coperchio a forma di cuore della *Nepenthes* presenta uno sperone alla base – una trappola passiva che non viene attivata dall'effettiva presenza di una preda.

In termini di sessualità, le *Nepenthes* producono infiorescenze maschili e femminili sulla stessa pianta. Per essere fecondato, un fiore femminile ha bisogno di un portatore di polline, poiché l'autofecondazione non è possibile. I fiori producono nettare che scende nelle ore serali e notturne per attirare gli impollinatori come falene, mosche e coleotteri. Il frutto è una capsula i cui semi sono diffusi dal vento.

Gli insetti sono partner vitali per questa graziosa liana sia come prede che come trasportatori, contribuendo così alla microfauna del suo ambiente. Le vecchie urne vengono utilizzate per le larve o le uova degli invertebrati, mentre all'interno delle trappole si sviluppa una piccola e importante catena alimentare. Purtroppo, la deforestazione rappresenta una costante minaccia per questo splendido e fragile ecosistema.

Il piacere della (falsa) carne

Caldo e accogliente!

Il cavolo puzzola (*Symplocarpus fœtidus*) si riscalda non perché è stato messo in una pentola! A dirla tutta, non è nemmeno commestibile, ma possiede una straordinaria qualità: la termogenesi, cioè la capacità di produrre calore. Come gli animali a sangue caldo, ha la possibilità di aumentare la sua temperatura fino a trenta gradi sopra quella dell'aria circostante! Questa pianta è in grado di sciogliere la neve intorno a sé per permettere alle sue infiorescenze di emergere alla fine dell'inverno. Si forma così un buco nel manto nevoso, un bel cerchio al centro del quale appare la spata che nasconde i fiori raggruppati su uno spadice. Questo fenomeno, importante per l'impollinazione, è stato scoperto dal botanico francese Jean-Baptiste Lamarck alla fine del XVIII secolo ed è noto come la "spata". Si tratta della cosiddetta "termogenesi vegetale", che avviene nelle cellule dell'infiorescenza della pianta e si sviluppa sotto la neve. È un processo chimico complesso, innescato non solo dall'alternarsi del giorno e della notte, ma anche dal ciclo respiratorio della pianta stessa, dal flusso di protoni e da un enzima chiamato "ossidasi alternativa" (AOX), coinvolto nella catena respiratoria mitocondriale. Il cavolo nero è noto anche per la sua termoregolazione, ovvero la capacità di regolare la propria temperatura in base all'aria circostante. Il calore prodotto serve a diversi scopi: protegge i fiori dal freddo, ottimizza lo sviluppo degli organi riproduttivi, permette alla brattea modificata – la spata che circonda l'infiorescenza – di aprirsi e aumenta la volatilizzazione delle sostanze odorose attrattive.

Appartenente alla famiglia delle Araceae, che comprende anche i generi *Arum* e *Philodendron*, questa pianta vive nelle zone boschive, paludose e umide del Nord America. È possibile trovarla in Canada, per esempio nei boschi innevati di Montréal. Essendo una delle prime piante a fiorire a febbraio, deve attirare quegli insetti che emergono in cerca di cibo e di un posto dove deporre le uova. Nel suo ambiente ci sono spesso coleotteri e mosche necrofaghe (come la *Calliphora vomitoria* e altri), desiderosi di cadaveri per nutrire se stessi e le loro future larve. Addio delicato profumo floreale e dolce profumo di rosa, e benvenuto odore di decadenza, fosse settiche e corpi in decomposizione! Il *Symplocarpus fœtidus* imita il colore della carne con la sua spata ed emette l'odore di una carcassa animale per ingannare gli insetti divoratori di carogne che effettueranno l'impollinazione.

La forma arrotolata della spata diventa così una trappola, che cattura l'insetto per tenerlo il più possibile al caldo nell'infiorescenza e ricoprirlo di polline. Il coleottero ne trae quasi beneficio, poiché risparmia energia sfruttando le risorse termiche che la pianta gli mette a disposizione. Diversamente dalle mosche, essi hanno infatti bisogno di mantenere una temperatura corporea elevata per essere attivi. Questo riscaldamento floreale gratuito gli fornisce un luogo dove riprodursi o deporre le uova, mentre la pianta può beneficiare della sua collaborazione (depositando il polline sui pistilli, se proviene da un'altra infiorescenza della stessa specie, o raccogliendolo). Purtroppo, le larve carnivore non avranno nulla da mangiare...

Come riconoscere i cavoli ingannevoli?

Il *Symplocarpus fœtidus*, o cavolo puzzola, è una pianta perenne rizomatosa caratterizzata da una spata rosso-marrone macchiata di giallo, che avvolge lo spadice con i suoi fiori bisessuali di colore verde chiaro. Le sue foglie, lunghe e larghe, ricordano quelle del cavolo ma sono distinte e si sviluppano dopo la fioritura. Il frutto, simile a un piccolo ananas, matura quando le foglie sono completamente appassite, e contiene semi grandi come nocciole.

Un'altra peculiarità di questa pianta è la sua crescita "a testa in giù" grazie alle radici contrattili, che tendono a crescere in profondità nel terreno anziché in altezza. Questa caratteristica, insieme al suo aspetto e al suo odore sgradevole, contribuisce a ingannare gli impollinatori.

È importante notare che il *Symplocarpus fœtidus* è tossico per l'uomo in quanto contiene ossalato di calcio, quindi non è adatto al consumo umano.

Volo e ti porto via

Insetti e uccelli che rubano il nettare

Anche gli uccelli e gli insetti possono imbrogliare i raccoglitori di polline, ottenendo nettare senza necessariamente utilizzare gli organi riproduttivi della pianta e, di conseguenza, senza partecipare all'impollinazione.

Un nettare ambito

Il nettare, prodotto dai nettàri, ghiandole specializzate presenti nei tessuti di alcune strutture fiorite e in zone extrafloreali, rappresenta un delizioso spuntino per insetti e uccelli, svolgendo quindi un ruolo cruciale nell'evoluzione del rapporto tra flora e fauna. Durante il corso di queste relazioni coevolutive, le piante fiorite hanno sviluppato una vasta gamma di nettari per attrarre diverse categorie di animali. Le piante fiorite sono le sole a offrire nettare, il che spiega il loro successo rispetto ad altre piante, come le conifere, che stanno gradualmente scomparendo.

Il nettare è una soluzione composta da saccarosio, glucosio, fruttosio, amminoacidi, proteine e terpeni. Quando si tratta di attirare uccelli e farfalle, viene prodotto in grandi quantità nei piccoli fiori tubolari. Se la pianta è destinata ai pipistrelli, il nettare, visibile in fiori grandi, sarà abbondante e facilmente accessibile. La sua composizione varia a seconda dell'impollinatore target ed è una fonte di cibo vitale per molti insetti, fondamentale per la loro riproduzione e lo sviluppo delle larve.

Una pianta può avere nettari extrafloreali e intrafloreali, che svolgono funzioni diverse. Il nettare extrafloreale serve ad attirare insetti protettivi, come le formiche, che non sono particolarmente utili per la riproduzione sessuale, mantenendoli lontani dal nettare intrafloreale, destinato invece agli impollinatori efficienti. Oltre ai segnali olfattivi, la presenza di queste gocce dolci è segnalata visivamente all'insetto da disegni, luce ultravioletta o un colore contrastante con quello della corolla.

Ladro!

Quando si ha molta fame e ci si trova di fronte a un bel negozio di alimentari chiuso, si può arrivare a pensare di rompere il vetro! Allo stesso modo, alcuni insetti come api carpentiere, bombi, farfalle, e anche uccelli, possono occasionalmente rubare il nettare dai fiori. Ma perché lo fanno? Il fiore non è morfologicamente adatto al piccolo ladro, ma quando il cibo scarseggia, la competizione tra gli impollinatori si fa feroce e il ladruncolo deve risparmiare quanta più energia possibile. In questo caso, l'animale fa un buco nella parte inferiore della corolla o dello sperone e si serve da solo. Darwin riteneva che questo comportamento truffaldino fosse dannoso per la pianta derubata e che non fosse innato ma appreso. Pensava, in sostanza, che un giovane bombo potesse imparare la tecnica individuando un foro già fatto da un altro. In seguito, il mondo scientifico ha dimostrato questa capacità di apprendimento. Naturalmente, se l'insetto si imbatte in uno sperone già forato, ne approfitta...

È importante notare che la stessa specie animale può impollinare una pianta e poi "rubarla" nel caso arrivasse un concorrente più efficiente. Nonostante ciò, il tasso di riproduzione della popolazione vegetale si mantiene comunque a un buon livello. Il furto di nettare potrebbe addirittura essere benefico se induce gli impollinatori a visitare più spesso i fiori (per evitare danni) e a spostarsi di più, favorendo la fecondazione incrociata. Tuttavia, se il volo segue un percorso troppo regolare o danneggia gli organi riproduttivi floreali, l'effetto sarà negativo. I ricercatori ritengono che questo piccolo furto faccia parte delle relazioni tra piante e animali, evolutesi poi in un mutualismo che deve essere considerato su larga scala. Una pianta può chiaramente subire perdite senza che l'intera popolazione ne sia danneggiata. Inoltre, le piante hanno risposte adattative straordinarie e, se i piccoli ladri alati finissero per diventare un problema, le piante si adatterebbero per difendersi. Questo processo evolutivo, tuttavia, richiede tempo; l'evoluzione crea meraviglie, ma lavora nell'arco di centinaia o addirittura migliaia di anni. Noi stessi, come "ladri" dell'ambiente, non

diamo agli ecosistemi il tempo
di adattarsi alle nostre azioni.
Imparare a "rubare" senza
causare danni è un'arte che
richiede moderazione...

V

LA VERTIGINE DELL'AMORE ACQUATICO

Piante idrofile

Un crostaceo mi impollina

L'erba tartaruga e i suoi partner inaspettati

È con l'aiuto delle correnti marine, e non del vento, che le sue foglie ondeggiano. Con essa, entriamo in un altro mondo. Per ammirare questo spettacolo, bisogna immergersi nel Mar dei Caraibi o nel Golfo del Messico, dove l'erba tartaruga (*Thalassia testudinum*) ha fatto la sua casa. Questa pianta marina forma dense praterie. La sua riproduzione sessuale non aveva mai incuriosito nessuno, fino a quando un gruppo di ricercatori ha iniziato a studiarla...

Quando un'erba mette il pensiero umano al suo posto!

Si sapeva già che alcune piante oceaniche si proteggono dai pesci erbivori aprendosi alla fine della giornata, quando l'attività di questi predatori diminuisce. O che possono sincronizzare la loro fioritura per specie per ottimizzare l'arrivo del polline sul pistillo. Ma si pensava che solo l'acqua venisse utilizzata per il trasporto. Non c'era motivo di sospettare un altro vettore di impollinazione. All'inizio della loro vita terrestre, le piante si sono a lungo riprodotte sessualmente attraverso l'acqua: a riprova di ciò, basta osservare i gameti maschili nuotanti della felce, che dimostrano come la pioggia fosse essenziale per la sessualità delle piante pioniere. Inoltre, sulla terra può mancare l'acqua, ma non nell'ambiente originario della vita.

Allora perché immaginare che, nell'impollinazione, in un ambiente oceanico le piante avrebbero iniziato a imitare i loro piccoli amici terrestri? Con grande sorpresa, uno studio sulla tartaruga di mare condotto in Messico nel 2016 ha ribaltato le nostre deduzioni e messo le cose in chiaro...

L'erba tartaruga, o tartaruga di mare, della famiglia delle Hydrocharitaceae, forma vasti prati su fondali sabbiosi e poco profondi, fondamentali per la fauna selvatica. Numerosi animali si nutrono, si riproducono e trovano rifugio tra le sue foglie. Recentemente, l'erba tartaruga ci ha svelato uno dei suoi segreti attraverso immagini catturate dalle telecamere dei ricercatori: centinaia di piccoli invertebrati, come anfipodi e policheti, raccolgono il polline e lo trasportano da un fiore all'altro, simile al lavoro delle api sulla terraferma. In cambio della loro efficiente collaborazione, gli insetti ricevono una ricompensa alimentare ricca di carboidrati: la mucillagine. Il polline, appiccicoso, si attacca al corpo dell'animale, consentendo il suo trasporto agli stigmi del fiore senza perdite significative.

La *Thalassia testudinum* presenta fiori relativamente grandi per il suo habitat, a forma di stella, visibili chiaramente all'estremità del gambo. Essa è una pianta rizomatosa, le cui radici contribuiscono a combattere l'erosione e che attualmente è minacciata dall'inquinamento e dall'ancoraggio delle navi, che danneggiano i fondali sabbiosi e sradicano i prati. I benefici che offre all'ambiente sono molteplici: fonte di ossigeno e cibo, l'erba tartaruga svolge anche un'azione filtrante, limitando l'accumulo di particelle e mantenendo limpide le acque costiere. Si tratta di una specie dioica; le infiorescenze maschili, più numerose di quelle femminili, presentano da uno a cinque fiori bianchi, che crescono in una spata. Le femmine, invece, hanno un unico fiore verdastro, anch'esso coperto da una spata. Le foglie dell'erba tartaruga sono lunghe (da venti a cinquanta centimetri), leggermente dentate e nastriformi, inserite in una guaina basale, con punte arrotondate e ciliate. Il frutto è una capsula contenente da uno a sei semi, che può staccarsi dal peduncolo e galleggiare sull'acqua fino alla maturazione. Nonostante il suo nome vernacolare suggerisca che venga consumata dalle tartarughe, questo bellissimo animale primitivo non contribuisce all'impollinazione della pianta.

Che aspetto hanno queste "api" subacquee?

Gli anfipodi sono crostacei trasparenti o colorati, lunghi pochi millimetri, con una vasta gamma di caratteristiche morfologiche. Assomigliano a piccoli gamberetti piegati a forma di C e sono abbondanti negli ambienti marini, ma possono anche colonizzare acque dolci, salmastre e terrestri. D'altra parte, i policheti sono vermi anellidi con peli lunghi e setosi, dotati di una sorta di "zampe" chiamate "parapodi". Si stima che nel complesso vi siano circa diecimila specie di anfipodi e policheti che vivono in tutti i bacini oceanici del mondo.

Fino ad ora, l'erba tartaruga è l'unica pianta che ha rivelato il potenziale ruolo della fauna nella sessualità delle piante acquatiche. Tuttavia è molto probabile che questa partnership sessuale coinvolga anche altre piante marine.

Un balletto acquamoroso

La vallisneria a spirale e la legge di attrazione

Le lunghe e sottili foglie verdi della vallisneria a spirale (*Vallisneria spiralis*) sono ben note agli acquariofili per favorire il processo di fotosintesi, contribuendo così all'ossigenazione dell'acqua. Questa affascinante pianta è particolarmente adatta agli ambienti acquatici domestici. Nel contesto degli acquari, la propagazione vegetativa tramite stoloni è il metodo preferito per coltivare questa perenne. Una volta che le nuove piantine si sono sviluppate, sono infatti facili da trapiantare.

Tuttavia, è nell'ambiente naturale che la vallisneria a spirale, appartenente alla famiglia delle Hydrocharitaceae, esprime appieno le sue capacità riproduttive sessuali. Nei fiumi, nei laghi e negli stagni d'Europa, la stagione degli amori va da giugno a ottobre. Essendo una pianta dioica, la vallisneria maschile deve impollinare i fiori della vallisneria femminile. Per fare ciò, la vallisneria a spirale sfrutta l'acqua, attraverso un processo noto come "impollinazione idrogama". La pianta femminile sviluppa lunghi peduncoli sui quali compaiono piccoli fiori bianchi. La lunghezza di questi peduncoli, che può superare il metro, permette alla pianta di far emergere i pistilli verso la superficie dell'acqua, mirando a un incontro con i fiori maschili. Contemporaneamente, una spata della pianta maschile si stacca e sale sulla superficie dell'acqua non appena gli stami sono maturi. Questa spata funge da piccola sacca protettiva per i grani di polline, che vengono dispersi con grazia mentre i fiori femminili, ancora attaccati saldamente ai loro steli, li attendono nell'acqua.

Un sorprendente balletto d'amore

I grani di polline non andranno alla deriva e non si perderanno. Le piante femmina hanno pensato a tutto! Il loro gambo si dimostra ancora una volta ingegnoso. Si arriccia e agisce come una molla. Premendo delicatamente sul fiore femminile, crea una depressione intorno ad esso sulla superficie dell'acqua. Questo fenomeno fisico è inarrestabile quando si tratta di attirare i gameti maschili, che devono semplicemente essere condotti al pistillo, come attraverso piccoli canali progettati a questo scopo. Nell'impollinazione non sono coinvolti animali. Il polline deve quindi raggiungere lo stigma grazie alla legge di attrazione messa in atto dalla femmina della vallisneria a spi-

rale. Non appena il fiore è fecondato, il peduncolo si ritrae con esso e scompare sullo sfondo. Il frutto, un achenio, completa delicatamente la sua crescita sott'acqua, si stacca e torna alla corrente per diffondere il singolo seme che contiene.

La vallisneria a spirale è l'unica specie del genere Vallisneria presente nelle nostre regioni. È molto utile alla fauna del suo habitat, formando dense praterie che possono essere utilizzate come rifugio. E con il suo ingegnoso peduncolo, dimostra che le piante sono davvero brave a sfruttare il loro ambiente, anche quando si tratta di qualcosa come l'acqua e non di animali che stanno cercando di sedurre.

Sono caldo e profumato

Il loto sacro

Benedetto con ogni sorta di virtù fin dall'antichità, il loto sacro (*Nelumbo nucifera*) non deve il suo nome al caso. Simbolo di purezza, forza e distacco nella religione buddista, è anche parte essenziale della religione indù, tanto da diventare il fiore nazionale dell'India. Molte delle sue divinità sono rappresentate su un fiore di loto, associato alla fioritura dell'anima. Il dio Vishnu è descritto come "colui che ha l'occhio di loto".

Questa pianta perenne originaria dell'Asia tropicale e subtropicale, che può crescere in acque fangose, ci ha affascinato con la sua bellezza per migliaia di anni. Ma siamo ben lontani dall'immaginare le ingegnose strategie naturali di questa meraviglia. Sapevate che le sue foglie leggermente ondulate e peltate, che possono misurare fino a cinquanta centimetri di diametro, hanno una sorprendente risposta adattativa per favorire la fotosintesi? Per rimuovere le impurità che vi cadono sopra ogni giorno, come la polvere, e per evitare che gli orifizi respiratori (stomi) si ostruiscano, le foglie hanno proprietà autopulenti. E, cosa ancor più sorprendente, non si bagnano nemmeno! Sono idrofobe. È quanto ha scoperto negli anni Settanta uno scienziato tedesco, il botanico Wilhelm Barthlott,

che ha avuto la folle idea di rivestire la pianta con una colla liquida. La colla scivolava sulle foglie, senza lasciare traccia. Questa capacità di pulirsi da sola si è dimostrata efficace anche nella lotta contro le muffe e alcuni batteri.

Il nostro loto, che è interamente commestibile, ha un frutto molto particolare. Si tratta di un ricettacolo floreale appiattito con alveoli scavati, contenente i carpelli liberi che, dopo la fecondazione, diventano acheni.

Cosa succede durante il periodo di impollinazione?

Di notte, il fiore all'estremità del lungo stelo si chiude per proteggersi da potenziali attacchi di predatori notturni e proteggere così gli organi sessuali. Non appena la luce e la temperatura si abbassano, si verifica una reazione cellulare e i graziosi petali bianco-rosati – circa venti per fiore – si ripiegano su se stessi. Ma il ricettacolo all'interno, che contiene i pistilli nelle sue cavità, diventa caldo e profumato. Sì, il loto può aumentare la temperatura del suo ricettacolo fino a trentasei gradi! Questo lo rende un rifugio ideale per i coleotteri a cui è da sempre legato. Questi insetti primitivi hanno bisogno di calore per accoppiarsi; il loto offre loro una ricompensa termica e un luogo dove deporre le uova. Ma nel corso dell'evoluzione, la pianta ha conquistato nuovi impollinatori. Grazie alla sua temperatura elevata, emette una fragranza unica che, al mattino, attira api da miele, api solitarie e sirfidi. Anche i tripidi sono frequenti visitatori del loto, ma non svolgono un ruolo importante nel processo di impollinazione.

Attirati dal delicato profumo, gli insetti raccolgono il polline dai numerosi stami che circondano il ricettacolo e lo depositano sui pistilli mentre si spostano da un fiore di loto all'altro. Le antere degli stami possono produrre un milione di grani di polline! Una volta terminato il periodo di impollinazione, il ricettacolo e i suoi pistilli fecondati iniziano il processo di maturazione dei semi. Il ricettacolo si secca e gli alveoli si aprono. I semi cadono quindi nell'acqua, dove germogliano. La natura li riveste con un involucro duro e protettivo (il pericarpo), quasi impermeabile, che permette loro di resistere all'umidità. Questi semi hanno anche un'impressionante capacità di dormienza. Un team di ricercatori dell'UCLA è riuscito a farne germinare uno, trovato in un lago prosciugato nella provincia cinese di Liaoning, che era rimasto dormiente per 1200 anni. Che loto!

Il sesso da solo

Oh! Una piccola rana...

L'affettuoso soprannome di "piccola rana" deriva dalla sua natura di pianta acquatica rustica che cresce nelle acque poco profonde di ruscelli, stagni, pozze e acque stagnanti o, nelle regioni temperate (Europa ed emisfero settentrionale), in ambienti fangosi. Il ranuncolo acquatico (*Ranunculus aquatilis*) forma tappeti attraenti e luminosi nel suo ambiente, fornendo una buona ossigenazione dell'acqua e un rifugio per la fauna selvatica. Serve come luogo di riposo per le libellule, come riparo per gli avannotti, come zona di deposizione delle uova e di alimentazione per gli insetti acquatici e crea un'area di sosta per i pesci quando il sole picchia forte.

Questa erbacea perenne della famiglia delle Ranunculaceae – a cui appartiene il ranuncolo – si distingue per le sue foglie polimorfe: sott'acqua sembrano sottili lamelle ramificate, mentre all'aperto galleggiano e assumono forme piene e variegate, con lobi tagliati. All'estremità di un lungo stelo, emerge dall'acqua un grazioso fiorellino solitario con cinque petali bianchi. Contiene numerosi stami più alti del pistillo. Quando questi fiori sbocciano al sole, tra maggio e luglio, formano un bellissimo tappeto acquatico che attira gli impollinatori: il polline e il nettare alla base dei petali attraggono api e bombi. Inoltre, si può capire quando un fiore è stato impollinato perché il gambo si arriccia e torna sott'acqua, dove l'infruttescenza matura prima di rilasciare numerosi acheni.

Ma il ranuncolo acquatico ha sviluppato un'altra attitudine in fatto di sessualità. Diciamo che pratica anche "L'Amour en solitaire", per riprendere il titolo di una canzone di Juliette Armanet; e "solo" nel suo stagno, la pianta dà vita a fiori sommersi, completamente chiusi. Un fenomeno che va sotto il nome intelligente di "cleistogamia".

Monogamo, poligamo... no, sono cleistogamo!

La cleistogamia interessa una varietà di generi e specie terrestri e acquatiche in ambienti tropicali, subtropicali e temperati. Già osservata da Darwin, la cleistogamia si verifica quando le condizioni ambientali si deteriorano. Ciò può essere dovuto a condizioni climatiche sfavorevoli o a una carenza di impollinatori. Alcune piante, come la nostra "piccola rana", utilizzano questa strategia per riprodursi. Invece di spendere energie invano per formare fiori perfetti, si accontentano di fiori minuscoli e chiusi, ridotti alle funzioni più elementari: niente petali (o petali a forma di squame), pochi stami, un numero limitato di grani di polline, un pistillo piccolo... In breve, i fiori cleistogami assomigliano a boccioli di fiori che non si aprono mai. Questi organi ridimensionati sono sufficienti per l'autofecondazione. Non dovendo attirare gli insetti o affidarsi al vento per trasportare il polline, non c'è bisogno di sprecare colore, zucchero e materia!

Questa autofecondazione produce frutti che a volte contengono più semi di quelli prodotti da fiori perfetti. L'unico grande svantaggio è che la cleistogamia impedisce alla specie di mescolare i geni. E, nel lungo termine, questo rende la pianta vulnerabile alle malattie. Per questo motivo le piante cleistogame usano la loro capacità con parsimonia per produrre una prole a bassa energia in attesa di condizioni migliori.

VI

AD ALCUNI PIACE CALDO

Piante in ambienti estremi

Una pianta focosa

L'ardente storia d'amore di un affascinante australiano

Alcune piante hanno fatto dell'acqua il loro regno, altre hanno scelto di giocare con il fuoco! L'albero di erba (*Xanthorrhoea glauca*), una pianta originaria dell'Australia orientale, è noto per il suo adattamento al fuoco. In caso di incendio, il suo fusto brucia al suolo mentre la pianta rimane illesa. Questa eccezionale capacità è resa possibile dalla sua struttura unica. Il gambo rigido diventa nero, ma la pianta sopravvive. Indossa questa tuta infiammabile come strategia di sopravvivenza. Come fa a non morire tra le fiamme? La pianta infatti prende fuoco in tempi brevissimi! Le foglie secche e vecchie che cadono sotto la corona, fatta di un fogliame bluastro, più giovane, assumono l'aspetto di una torcia e bruciano fino alla base delle foglie. In un incendio di cespugli, tutto può bruciare tranne l'interno della pianta. Inoltre, il gambo è protetto da una resina gialla che riduce gli effetti devastanti del fuoco, mentre le ceneri formano uno strato protettivo appiccicoso.

Che cos'è esattamente un gambo?

Il gambo dell'albero di erba non è costituito da corteccia, ma da una successione di foglie che si sovrappongono con la crescita di nuove gemme fogliari. Composto da residui delle basi foliari, intrecciati tra loro, il gambo non si allarga in larghezza ma cresce in altezza. La circolazione della linfa (grezza ed elaborata) è garantita da tessuti chiamati "primari", che si rinnovano per tutta la vita della pianta. Questa caratteristica è comune anche alle palme, con cui la nostra pirofita viene talvolta associata, nonostante non faccia parte di questa famiglia.

Questo eccezionale arbusto, alto fino a tre metri quando completamente sviluppato, appartiene alla famiglia delle Xanthorrhoeaceae, ora rinominate Asphodelaceae nella classificazione filogenetica. Questa famiglia include anche l'aloe e il giglio diurno, tra gli altri. Il genere *Xanthorrhoea* conta circa una trentina di specie pirofile, che sono tra le poche piante capaci di sopravvivere agli incendi. Il fuoco ne stimola la fioritura, che nel caso della *Xanthorrhoea glauca* avviene da settembre a novembre, ma può essere anticipata di diversi mesi quando il cespuglio prende fuoco.

Questa perenne arbustiva, rara e spettacolare, si distingue anche per la sua antichità. Si ritiene che l'antenato del genere sia comparso circa 400 milioni di anni fa. La sua crescita lenta porta a una fioritura straordinaria, caratterizzata da una grande spiga floreale piena di piccoli fiori bianchi a forma di stella. Questa infiorescenza cilindrica può raggiungere un'altezza di due metri, un'impresa notevole considerate le dimensioni della pianta. In un paesaggio desertico devastato dalle fiamme, questa insolita forma fallica adotta una strategia di massima visibilità per attrarre gli impollinatori. Se siete abbastanza fortunati da trovarvi lì al momento giusto, potrete persino osservare la sua crescita in diretta, dato che l'infiorescenza si sviluppa di diversi centimetri al giorno. I numerosi fiori a sei punte, con sei stami ciascuno, sono altamente nettariferi e sono i preferiti di passeriformi, api e farfalle. I frutti sono capsule deiscenti che contengono da tre a sei semi.

La capacità dei semi di *Xanthorrhoea glauca* di germinare verso il basso dopo un incendio rappresenta un adattamento straordinario, che consente alla pianta di sviluppare una radice "contrattile" che va sempre più in profondità nel terreno. Questa caratteristica permette alla pianta di resistere meglio agli incendi futuri, consentendo una crescita lenta e protetta.

Per gli aborigeni, che la chiamano anche "bastone magico", la *Xanthorrhoea glauca* ha un ruolo pratico, oltre che un grande valore sacro. I giovani steli, ricchi di proteine, sono consumati cotti o crudi, mentre radici, gemme e basi delle foglie sono fonti commestibili di sostentamento. Il nettare dei fiori viene utilizzato per preparare una bevanda dolce, mentre la resina gialla della pianta veniva un tempo usata per produrre colla. Nel corso della storia, la resina è stata esportata in grandi quantità: veniva infatti utilizzata per verniciare il legno e, durante la Prima guerra mondiale, anche per la produzione di polvere da sparo.

Questa varietà di usi e la sua resistenza al fuoco rendono la *Xanthorrhoea glauca* una pianta straordinariamente versatile e preziosa per le popolazioni indigene e per la storia industriale della regione.

Sulla bocca del vulcano

La sorprendente spada d'argento

La cosiddetta spada d'argento (*Argyroxiphium sandwicense*) è una pianta estremamente rara e preziosa che appartiene alla famiglia dei girasoli (Asteraceae) e cresce esclusivamente sulle pendici del vulcano Haleakalā, sull'isola di Maui, nelle Hawaii. La sua presenza è limitata alle vicinanze del cratere del vulcano, e non si trova spontaneamente in nessun altro luogo al di fuori di questa regione. Nonostante svariati tentativi, nessuno è ancora riuscito a coltivarla con successo lontano dal suo habitat lavico originario.

Questa imponente pianta cresce molto lentamente e impiega circa vent'anni per arrivare a una circonferenza apprezzabile e un'altezza di circa due metri. Una volta raggiunta la maturità, la spada d'argento fiorisce una sola volta, di solito in estate, per morire poi subito dopo. Le sue foglie, di un insolito colore verde-bluastro, sono rigide e argentate, disposte a formare una peculiare rosetta. L'infiorescenza della pianta è imponente, con decine di capitoli viola e rosa che contengono centinaia di fiori. Dopo la fecondazione, i fiori producono un capolino di acheni, dei frutti secchi indeiscenti che al loro interno contengono semi.

La spada d'argento è una delle molte specie uniche che si sono adattate all'ambiente particolare delle Hawaii, e la sua rarità e bellezza la rendono una pianta straordinariamente preziosa per la conservazione della biodiversità.

Un sopravvissuto al cambiamento climatico

Come abbiamo detto, la spada d'argento si trova esclusivamente sulle pendici del vulcano Haleakalā, sull'isola di Maui. Questa regione è ricca di specie endemiche e in via di estinzione, che si sono adattate a un ambiente unico e prezioso. L'Haleakalā è il più grande vulcano inattivo del mondo, con un'altezza di oltre tremila metri e una circonferenza di circa trenta chilometri, è oggi un parco nazionale.

La spada d'argento è stata in grado di sopravvivere solo su quest'isola grazie alla sua capacità di adattamento a un ambiente specifico e ai cambiamenti climatici. Si ipotizza che milioni di anni fa gli uccelli abbiano portato i semi di questa pianta sull'isola, dove si sono radicati e hanno continuato a crescere. Nonostante l'introduzione da parte dei colonizzatori di specie come capre e pecore, che ne hanno minacciato la sopravvivenza, la spada d'argento è riuscita a prosperare.

La pianta si riproduce tramite insetti, in particolare l'ape *Nesoprosopis volcanica*, che è endemica delle Hawaii. Questo processo richiede una popolazione di piante piuttosto ampia per garantire un'impollinazione efficace. Le dure condizioni

ambientali, incluse le temperature rigide e il vento violento, hanno portato la spada d'argento a sviluppare meccanismi di adattamento davvero unici, come uno strato di peluria e un fogliame rigido che proteggono la pianta dal freddo e aumentano la temperatura nel suo centro.

La visita al parco nazionale di Haleakalā offre un'opportunità unica per ammirare la bellezza e la rarità della spada d'argento e altre specie endemiche delle Hawaii, che continuano a esistere grazie agli sforzi di conservazione e alla protezione dell'ambiente naturale.

Un ramingo nel deserto

Welwitschia mirabilis, uno dei più strani sopravvissuti

La *Welwitschia mirabilis* è una pianta straordinaria che attira l'attenzione di moltissimi turisti e studiosi nel deserto costiero dell'Africa, principalmente in Namibia e Angola. Il suo nome specifico, *mirabilis*, "meraviglioso", ne riflette la sua straordinaria natura.

Appartenente alle Gnetofile, la *Welwitschia mirabilis* è strettamente imparentata con le Gimnosperme. La pianta ha una radice a fittone che si estende per diversi metri nella sabbia desertica e un tronco corto e spesso. Le foglie della *Welwitschia mirabilis* sono un elemento particolarmente distintivo: la pianta inizia con due foglie primarie, chiamate cotiledoni, che sono responsabili della fotosintesi. Successivamente, si sviluppano due foglie vere e proprie che col passare degli anni crescono in lunghezza e larghezza. Queste foglie, che si muovono e si attorcigliano sulla sabbia, possono sembrare multiple a causa delle loro torsioni resistenti, che si strappano in strisce lunghe da tre a quattro metri.

La *Welwitschia mirabilis* è uno straordinario esempio di adattamento alle condizioni estreme del deserto. La sua capacità di sopravvivenza in un ambiente così ostile sorprende e affascina tutti coloro che hanno la fortuna di incontrarla nei deserti africani.

Una volta comparsa questa coppia di foglie, il tronco non cresce più. È come se venisse tagliato e poi circondato da un colletto verde, da cui si estendono non solo queste due foglie, ma anche gli organi sessuali all'estremità dei fusti ramificati che compaiono al momento del ciclo riproduttivo della pianta.

È nel deserto del Namib, uno dei più piccoli e antichi del pianeta, che cresce spontaneamente il nostro sopravvissuto. Le sue caratteristiche, diverse da quelle delle piante xerofite, continuano a stupire i botanici. Le sue foglie non immagazzinano acqua come quelle dei cactus e delle succulente. Sono permanenti e non hanno peli lanosi o spine, offrendosi senza protezione al sole cocente. Dal punto di vista biologico, l'albero si comporta come se vivesse in un clima temperato! "L'ornitorinco vegetale", come lo definì Darwin, sopravvive in un ambiente arido grazie alle sue radici dalla crescita rapidissima. La pianta è quindi in grado di attingere alla minima forma di umidità, estremamente rara in questo habitat, persino nel gesso contenuto nel substrato superiore. Sopravvive anche grazie al rivestimento ceroso (cuticola) delle foglie, una sorta di epidermide che limita la perdita di acqua e riflette la luce. I cristalli di ossalato di calcio presenti nelle sue cellule riducono inoltre gli effetti del calore.

Alcuni semi rimangono vitali per anni, dando alla specie il tempo di aspettare i rari giorni di pioggia per perpetuarsi – l'acqua è necessaria per la germinazione. Inoltre, l'albero è in grado di vivere per molti secoli. Si dice che alcuni esemplari abbiano raggiunto i 1500 anni di età.

La *Welwitschia mirabilis* è essenziale per l'ecosistema locale, fornendo cibo, riparo, acqua e ombra alla fauna selvatica (insetti, lucertole, scorpioni, uccelli, piccoli mammiferi, ecc.). Nel Namib il terreno può raggiungere i settanta gradi, quindi le foglie di questa strana specie formano un riparo sotto il quale la temperatura scende di diverse decine di gradi. Un'altra curiosità: la *Welwitschia mirabilis* si distribuisce nel territorio in gruppi isolati di individui che hanno però età simile. Ciò è dovuto alle condizioni climatiche. Quando finalmente cade la pioggia, i semi germogliano in gran numero nello stesso momento.

Come si riproducono gli ornitorinchi?

La *Welwitschia mirabilis* è una pianta dioica, il che significa che ha piante maschili e femminili separate. Perché la fecondazione avvenga, è necessario che una pianta maschile sia vicina a una femminile così che avvenga il trasferimento del polline. Gli insetti, in particolare mosche e coleotteri dalle zampe lunghe, svolgono un ruolo importante nel trasporto del polline tra le piante. Le piante maschili producono più coni rispetto a quelle femminili, mentre queste ultime producono coni più grandi. Il ciclo riproduttivo dura circa dieci mesi ed è nella stagione calda che avviene la formazione dei coni, che possono durare diversi mesi. Gli ovuli delle piante femminili segnalano la loro ricettività nel momento in cui una goccia di liquido zuccherino nel micropilo diventa visibile. La fecondazione ha luogo generalmente durante l'inverno, e i semi vengono diffusi dal vento.

È interessante notare che i coni maschili presentano degli ovuli, che sono però sterili. Questo fatto solleva domande interessanti sulla possibile evoluzione della riproduzione sessuale delle piante. Potrebbe essere considerato come un tentativo evolutivo della natura di sviluppare una forma più avanzata di riproduzione sessuale, simile a quella delle piante da fiore (Angiosperme).

Pietre curiose
Lithops mimetici

I *Lithops* sono piante succulente uniche nel loro genere che si mimetizzano perfettamente con l'ambiente circostante, assumendo l'aspetto di piccole pietre. Questo mimetismo le aiuta a sopravvivere nelle dure condizioni del deserto ed è una forma di difesa contro gli erbivori.

Queste piante si trovano principalmente nel deserto del Namib, nel deserto del Karoo e nel Namaqualand sudafricano, così come in altre regioni delle pianure rocciose e delle montagne dell'Africa meridionale. Preferiscono terreni rocciosi caldi, specialmente quelli che contengono quarziti e pegmatiti.

I *Lithops* non hanno un vero e proprio fusto visibile, ma sono costituiti da foglie carnose e con forme molto particolari che si sviluppano in coppia. Queste foglie sono spesse e carnose e sono in grado di immagazzinare acqua per sopravvivere durante periodi di siccità estrema. La loro capacità di mimetizzarsi con le pietre è un fenomeno straordinario che rimane, a oggi, scientificamente inspiegabile. Nonostante gli sforzi della scienza, non è ancora del tutto chiaro come queste piante siano in grado di imitare così perfettamente le rocce circostanti. Tuttavia, è noto che questa capacità svolge un ruolo chiave nella loro sopravvivenza nel deserto, proteggendole dai predatori e da condizioni ambientali avverse.

Con una coppia di foglie spesse a forma di mezzaluna (lobi), fuse tra loro ma separate al centro da una fessura, i *Lithops* sono lisci, morbidi, piatti o leggermente irregolari nella parte superiore. Di colore grigiastro, verdastro, giallo-arancio o

violetto (non menzioniamo le incredibili sfumature di questa tavolozza solo per mancanza di vocabolario!), queste piante perenni presentano colorati motivi marmorizzati, linee traslucide, rigonfiamenti, "cicatrici" o macchie. Di forma rotonda e dal diametro contenuto, sopravvivono alla siccità immagazzinando acqua nei loro tessuti, come ogni succulenta che si rispetti, ma anche rimanendo interrate e rinnovando le foglie ogni anno. Dopo la fioritura, entrano in dormienza e poi cominciano a crescere una o due coppie di lobi giovani, che si nutrono del succo dei lobi vecchi, che gradualmente si seccano. I *Lithops* sono in grado di dividersi nella parte superiore dopo pochi anni, arrivando nel tempo a formare delle vere e proprie colonie. Possono vivere per un periodo molto lungo, anche di diversi decenni.

Un altro fatto curioso è che queste piante-ciottoli hanno aree trasparenti, prive di clorofilla, poste sulla loro superficie superiore. I litopsologi le chiamano "finestre". Servono a proteggere l'intera pianta dai raggi solari, pur lasciando passare la luce. In questo modo l'energia raggiunge i cloroplasti, necessari per la fotosintesi e situati all'interno dei lobi, che possono essere più o meno interrati.

La notte appartiene a loro!

La capacità delle piante grasse e dei cactus di prosperare in ambienti aridi è il risultato di un ingegnoso adattamento grazie al quale l'acqua non viene persa ma conservata, modificando il ciclo della fotosintesi. Spiegazione: una pianta utilizza la luce del sole per nutrirsi, cioè per trasformare l'anidride carbonica, assorbita attraverso il processo di fotosintesi, in zucchero. Di solito lo fa durante il giorno, ma questo comporta una perdita di acqua che le nostre piante, vivendo in ambienti aridi, non possono permettersi. Le succulente hanno quindi risposto alla siccità con vari stratagemmi (cuticola, pilosità protettiva, riduzione delle foglie, ecc.), il principale dei quali consiste nel chiudere gli stomi durante il giorno per evitare l'evapotraspirazione. Gli stomi sono pori epidermici utilizzati per lo scambio di gas con l'ambiente circostante. Di notte, quando l'atmosfera è più fresca (nei deserti del Sudafrica si possono raggiungere i settanta gradi di giorno e scendere attorno allo zero di notte), gli stomi delle succulente si aprono, assorbendo anidride carbonica che viene poi immagazzinata nei vacuoli, aree della cellula vegetale adibite a riserva. Nel fresco della notte, gli stomi rilasciano anche l'ossigeno prodotto dalla fotosintesi, che durante il giorno rimane invece in un circuito chiuso. Un tale cambiamento nel metabolismo di queste piante, richiede che quindi notevoli differenze di temperatura affinché la fioritura avvenga, anche nei nostri climi.

La sessualità delle pietre vegetali

Generalmente autosterile, il *Lithops* fiorisce ogni anno dopo la stagione delle piogge, in autunno. Al centro del "ciottolo", nella segretezza della fessura, si sviluppa un bel fiore solitario, ermafrodita, che ricorda una margherita. Questo tende ad aprirsi nel pomeriggio, chiudendosi la sera e durando solo pochi giorni. Il fiore è composto da spessi sepali e da numerosi staminodi petaloidi bianchi, gialli o arancio fuoco[1] con un grande gruppo di stami e pistilli fertili al centro. È ancora più bello perché è più grande del corpo della pianta. Gli insetti effettuano l'impollinazione incrociata dei fiori. I semi, contenuti in capsule a quattro o sei camere (a volte anche di più), maturano lentamente e vengono poi dispersi dal vento e talvolta dagli uccelli. Il frutto rimane nel cuore della nostra bella pietra. È quindi possibile che un seme germogli ai piedi della pianta madre. La scarsità d'acqua permette loro di iniziare a germogliare.

Nei centri di giardinaggio si trovano cultivar di ogni tipo ed è magico vederle fiorire in casa, a patto di rispettare il loro ciclo e il loro substrato. Queste pietre "viventi" stupiranno tutti!

1 Stami sterili modificati e, nel caso dei nostri *Lithops*, stami lucidi per riflettere la luce e attirare gli impollinatori.

La fine del nostro viaggio, o l'inizio?

Le piante sono una presenza costante intorno a noi, ma spesso il nostro sguardo, sebbene incantato, non riesce a cogliere l'incredibile attività che si cela dietro una solo apparente immobilità. Le affascinanti storie della loro sessualità qui narrate e gli esempi straordinari degli adattamenti che mostrano nel loro ambiente ci svelano una realtà più complessa e sorprendente di quanto immaginiamo. Ciò ci invita a uscire dai confini della nostra umanità e a immergerci in un mondo dove gli incontri sessuali non dipendono soltanto dalla complementarità, ma si intrecciano con l'ambiente stesso. Nei regni delle piante, i sessi sono uniti dall'habitat che li circonda, evocando un legame con gli altri esseri viventi a dir poco commovente, nella loro diversità, fragilità e forza allo stesso tempo. Immaginate un mondo in cui la nascita di un bambino richiede l'appello al vento, all'acqua, al fuoco o a una natura che non ci appartiene direttamente. È come chiedere a un albero di portarci la persona amata! Le piante diventano così il fulcro di un'armoniosa unione tra noi e l'altro, un legame che va oltre le barriere dell'umanità, aprendo le porte a una connessione più profonda con il mondo naturale.

La botanica ha dovuto inventare un linguaggio per nominare e descrivere una sessualità così diversa dalla nostra. E quando un principiante si avvicina al mondo delle piante da un punto di vista scientifico, rimane spesso sconvolto per la mancanza di punti di riferimento. Si avventura nell'ignoto e si rende conto di quanto poco sappia degli esseri viventi. In quel momento, capisce anche che questa mancanza di conoscenza deriva dalla scarsa comprensione del suo stesso corpo. Ogni giorno ci troviamo immersi in una vasta quantità di informazioni, ma raramente comprendiamo appieno il funzionamento del nostro organismo. Cellule, mitocondri, ormoni, batteri...

Nelle sfide ambientali di oggi e di domani, l'acquisizione di conoscenze olistiche sugli esseri viventi sarà determinante per inclinare la bilancia nella giusta direzione. Questo processo dovrebbe iniziare fin dalla più tenera età. Ci apprestiamo a intraprendere un meraviglioso viaggio verso l'alterità... mentre quello delle nostre piante innamorate si conclude, solo momentaneamente, in queste pagine. Esso continua infatti dentro ognuno di noi e permea il nostro meraviglioso pianeta, popolato da piante irresistibili, grazie alle quali la vita prospera.

Piccolo dizionario botanico

A

Acaule (agg.): si riferisce al fatto che alcune piante non hanno fusti visibili.

Achene (n.): frutto secco che non si apre a maturazione, generalmente contenente un solo seme.

Acuminato (agg.): detto di una foglia con la punta appuntita.

Albumina (n.): specifica delle Angiosperme, è un tessuto di riserva nutritivo che si forma in seguito alla doppia fecondazione in questo gruppo. Quando il tubo pollinico porta due nuclei (i gameti maschili), uno si fonde con il sacco embrionale per dare origine all'albume, mentre l'altro si fonde con il gamete femminile per dare origine all'embrione. Il tessuto di riserva alimenta l'embrione o i cotiledoni della piantina.

Allogamia (n.): quando una pianta è dioica, autosterile o autoincompatibile, la riproduzione sessuale prevede la fecondazione incrociata tra gameti di individui diversi. Queste sono note come "piante a impollinazione incrociata".

Androceo (n.): le parti fertili maschili di un fiore. Gli stami, le antere, le sacche polliniche, il polline e i gameti maschili fanno tutti parte dell'androceo.

Anemofila (agg.): quando le piante utilizzano il vento come vettore di impollinazione, sono dette anemofile.

Angiosperme (n.): dal greco *aggeîon* "ricettacolo, involucro" e sperma "seme", questo termine si riferisce alle piante da fiore con carpelli.

Antera (n.): parte terminale dello stame che contiene le sacche polliniche dove vengono prodotti i grani di polline. È attaccata alla rete dello stame tramite il connettivo, dalla base o dal centro.

Anteridio (n.): gametangio maschile, organo in cui vengono prodotti e conservati i gameti maschili.

Anterozoide (n.): sinonimo di spermatozoo.

Aploide (agg.): si riferisce a una cellula contenente una sola serie di cromosomi (cellula con n cromosomi). Nell'uomo, con cellule diploidi, solo i gameti sono aploidi, mentre nelle piante, dove le generazioni si alternano, ciò dipende dal momento della mitosi e della meiosi nel ciclo. Una generazione nota come generazione "sporofitica" si alterna con una generazione "gametofitica". In genere si dice che lo sporofito è diploide e il gametofito aploide, ma ci sono delle eccezioni. Una cellula diploide risulta dalla fusione di due cellule aploidi. Quando la riproduzione non è sessuale, per mitosi, l'essere vivente ha un solo set di cromosomi. Si tratta di una duplicazione della madre. Per esempio, il fuco, un'ape maschio, discende dalla regina ma proviene da un ovulo non fecondato.

Archegonio (n.): gametangio femminile a forma di bottiglia contenente l'oosfera.

Arillo (n.): rivestimento del seme, spesso colorato, come la parte rossa commestibile del tasso (*Taxus baccata*) mangiata dagli uccelli. Oppure bianco, come nel litchi.

Ascidia (n.): nelle piante carnivore, questo termine si riferisce all'organo a forma di urna utilizzato per intrappolare e digerire le prede.

B

Bacca (n.): un tipo di frutto carnoso con semi (pomodoro, mirtillo, arancia, peperone, limone, kiwi, melanzana, ecc.)

Brattea (n.): nelle piante da fiore, una foglia che si differenzia dalle altre per forma, dimensione o colore e che si trova generalmente all'estremità del fusto, sotto il calice o il ricettacolo floreale.

Bulbo (n.): piccolo germoglio bulboso che nasce dall'ascella di una foglia (Crassulaceae) o da un'infiorescenza (aglio). Quando cade a terra, può crescere fino a formare una pianta completa.

C

Calice (n.): parti sterili che proteggono gli ovari, composte da sepali liberi o fusi, situati sotto i petali. Spesso sono verdi, ma non sempre.

Canale stilare (n.): parte del gineceo attraverso cui passa il tubo pollinico per raggiungere l'ovario.

Capolino (n.): tipo di infiorescenza in cui tutti i fiori sono portati da un ricettacolo comune. La famiglia delle Asteraceae è ben nota per questa tipologia. Un capolino è spesso composto da un gran numero di fiori (diverse centinaia o addirittura un migliaio). L'*Echinops*, tuttavia, contiene un solo fiore con cinque petali fusi e la "palla" che vediamo è un capolino di capolini.

Capsula (n.): frutto secco che si apre a maturità con vari mezzi, come un lembo (papavero), fessure (*Muscari*), denti apicali (garofano) o coperchio (piantaggine).

Carpello (n.): nelle Angiosperme, è l'involucro derivato da una foglia modificata e utilizzato per proteggere l'ovulo o gli ovuli. Il numero di carpelli varia a seconda dei generi e delle famiglie. Le conifere con semi nudi non hanno carpelli e quindi non producono frutti.

Cianobatteri (n.): batteri fotosintetici.

Classificazione filogenetica (n.): questo approccio alla vita, emerso negli anni Cinquanta, ribalta le classificazioni tradizionali (compresa quella di Carl von Linné) per enfatizzare i principi dell'evoluzione e della selezione naturale, basata non più sulla fissità delle specie, ma sul criterio della relazione più stretta tra di esse. Secondo questa classificazione, che si basa su metodi cladistici, i taxa si sono evoluti gli uni dagli altri, a seconda dell'ambiente in cui si sono adattati. Evita la visione antropocentrica dei livelli gerarchici tra gli esseri viventi (con l'uomo al vertice), poiché l'albero filogenetico propone un annidamento dei taxa l'uno nell'altro piuttosto che una visione piramidale. Gli esseri non sono più raggruppati in base alla somiglianza, ma all'analisi delle molecole (DNA, proteine) e degli antenati comuni. Questo ci permette di comprendere meglio la loro storia evolutiva. Questa classificazione è ormai ampiamente accettata nei circoli scientifici moderni.

Cleistogama (agg.): qualsiasi fiore che non si apre e si autoimpollina.

Cloroplasto (n.): specifico delle cellule vegetali, il cloroplasto è un organello essenziale per la fotosintesi, poiché il processo si svolge al suo interno. È un elemento cellulare contenente clorofilla, dove avviene la produzione di molecole come lo zucchero.

Colonna (n.): termine specifico delle orchidee, che designa la struttura al centro del fiore prodotta dall'unione degli organi sessuali maschili e femminili.

Coprofili (agg.): organismi che vivono e si sviluppano negli escrementi.

Corolla (n.): parte sterile spesso situata all'interno del calice, utilizzata per attirare gli impollinatori grazie al suo colore e composta da petali liberi o fusi. Quando i petali sono liberi, la corolla è detta "dialettale". Quando sono fusi, la corolla è detta "gamopetala".

Cotiledoni (n.): foglie primarie contenenti riserve di nutrienti che accompagnano la germinazione e l'inizio della crescita della piantina. Le piante con un solo cotiledone sono dette "monocotiledoni" (erbe, liliacee, palme, ecc.). Le piante con due cotiledoni sono dette "dicotiledoni".

D

Deiscente (agg.): qualsiasi organo biologico che si apre spontaneamente a maturità e rilascia il suo contenuto è detto "deiscente". Può riferirsi a frutti, coni di conifere, sporangi di felce, stami, ecc.

Dialicarpellata (agg.): si riferisce al fatto che i carpelli dell'ovario di una Angiosperma non sono fusi, ma separati.

Dioecia (n.): si riferisce a una situazione biomorfologica simile a quella dei mammiferi, in cui i sessi sono separati in piedi maschili e femminili.

Diploide (agg.): caratterizza una cellula che ha una doppia serie di cromosomi omologhi (2n).

Drupa (n.): tipo di frutto carnoso con un nocciolo che protegge il seme o i semi. Albicocche, mele, pesche, prugne e pere sono drupe.

E

Epifita (agg.): pianta che non mette radici nel terreno. Per esempio, cresce su un'altra pianta senza parassitarla.

Ermafrodito (agg.): si riferisce a una pianta che porta fiori con entrambi gli stami e il pistillo. Maschio e femmina si trovano sullo stesso fiore.

Eucariote (n.): si riferisce a qualsiasi organismo con cellule dotate di un nucleo circondato da una membrana. Si distingue dai procarioti, che sono organismi unicellulari senza nucleo. I batteri sono procarioti. Si riproducono per via asessuata.

F

Fiore (n.): organo composto da parti protettive sterili e parti riproduttive. In botanica, i coni maschili e femminili delle conifere sono anche fiori.

Fotosintesi (n.): essenziale per la sopravvivenza della maggior parte delle piante, la fotosintesi è un complesso processo chimico che consente loro di utilizzare l'energia solare per sintetizzare la materia organica, convertendo questa energia in glucosio. Questo processo è accompagnato dall'assorbimento di anidride carbonica dall'aria e dalla produzione di ossigeno.

Frutto (n.): nel linguaggio botanico, questo termine designa l'organo vegetale specifico delle Angiosperme, che si sviluppa dopo la fecondazione e contiene il seme o i semi.

G

Gameti (n.): cellule sessuali maschili o femminili degli eucarioti, che si fondono insieme per produrre uno zigote (embrione) e quindi un nuovo, diverso e unico essere vivente. Questa cellula del nucleo è aploide (con n cromosomi); dalla loro fusione nasce un nuovo organismo diploide. Le prime piante (alghe blu-verdi) sarebbero state prive di queste cellule, poi ne sarebbero state dotate, ma senza differenziazione. Infine, nel corso dell'evoluzione, i gameti si sono specializzati (maschili e femminili) e diversificati (flagellati o meno).

Gametofito (n.): organo della pianta che produce gameti aploidi. Poiché le piante alternano le generazioni, questo organo si distingue dallo sporofito diploide. Nelle felci è il protallo. Nei muschi è il tallo o fusto fogliare. Nelle angiosperme, il gametofito femminile è il sacco embrionale contenente il gamete femminile, mentre il gametofito maschile è il granello di polline.

Gimnosperme (n.): antico gruppo di piante con ovuli nudi, di cui rimangono solo circa 800 specie, che non producono frutti. Le conifere (pini, cipressi, larici, cedri, abeti, ecc.), il *Ginkgo biloba* e le *Cycas* sono Gimnosperme.

Gineceo (n.): specifico delle Angiosperme, il gineceo si riferisce all'ovario e quindi a tutti i carpelli.

Ginostemio (n.): sinonimo di "colonna", questo termine è specifico delle orchidee e si riferisce alla parte al centro del fiore che risulta dall'unione degli organi sessuali maschili e femminili.

I

Ife (n.): filamento tubolare allungato, che può avere diversi nuclei cellulari, privo di clorofilla e invisibile a occhio nudo. Le ife costituiscono il micelio di un fungo superiore o di un lichene. Si trovano anche nelle alghe.

Impollinazione (n.): deposizione del polline sullo stigma, che può portare o meno alla fecondazione.

Indeiscente (agg.): qualsiasi organo biologico che non si apre a maturità.

Infiorescenza (n.): gruppo di fiori raggruppati in varie formazioni (cimo, grappolo, capitulo, ecc.).

Integrazione (n.): tessuto o insieme di tessuti che proteggono e avvolgono un ovulo o un seme.

L

Labello (n.): termine specifico delle orchidee per indicare il petalo mediano, che nella maggior parte dei casi è molto diverso dai petali laterali.

Lama fogliare (n.): la parte della foglia essenziale per la fotosintesi, la cui forma e le cui divisioni variano notevolmente a seconda del genere e della specie. Si riferisce anche alla parte sporgente di un petalo o di un sepalo.

Linfa elaborata (n.): linfa proveniente principalmente dalle foglie, sede della fotosintesi, composta da sostanze organiche solubili (amminoacidi e zuccheri), che circola attraverso il floema, un tessuto conduttore sotto la corteccia (liber), in tutta la pianta per movimento discendente e laterale.

Linfa grezza (n.): linfa proveniente dalle radici, composta da acqua e sali minerali, che alimenta le foglie, le gemme e i fiori muovendosi verticalmente e lateralmente attraverso i vasi vascolarizzati della pianta: lo xilema.

Logge (n.): compartimenti dell'ovario, cavità del seme in un frutto o ricettacoli di polline nell'antera.

M

Meiosi (n.): processo di doppia divisione cellulare specifico degli eucarioti, che porta alla formazione dei gameti. Da una cellula madre diploide, questa doppia divisione produce quattro cellule figlie aploidi con materiale genetico diverso. La sua funzione è quella di perpetuare la specie e rafforzarla attraverso la mescolanza genetica.

Mesocarpo (n.): lo strato intermedio, spesso carnoso, della drupa, che si trova tra l'epicarpo e l'endocarpo. In altre parole, tra l'epidermide e il nocciolo.

Micete (n.): sinonimo di fungo.

Micorriza (n.): si riferisce alla relazione simbiotica tra un fungo e le radici di una pianta.

Micropilo (n.): etimologicamente, questa parola significa "piccola porta", ed è infatti attraverso questa porta che il tubo pollinico con i suoi grani di polline passa per raggiungere l'ovulo. Questa piccola apertura fa quindi parte dell'organo riproduttivo femminile.

Microsporangio (n.): organo maschile che produce spore.

Mitocondri (n.): organelli microscopici che svolgono un ruolo essenziale nelle cellule animali e vegetali. Sono circondati da una doppia membrana, delimitata dal citoplasma. Sono responsabili della comunicazione intercellulare, dell'ossidazione, dell'immagazzinamento di energia, della respirazione cellulare, della produzione di ATP (la molecola chiave dell'energia cellulare utilizzata in un gran numero di reazioni chimiche metaboliche) e dell'immagazzinamento di sostanze come il calcio. Il loro numero varia da specie a specie e hanno un proprio genoma. Il loro DNA è simile a quello dei batteri. Si pensa infatti che siano antichi batteri che hanno parassitato le cellule eucariotiche circa due miliardi di anni fa.

Mitosi (n.): caratteristica delle cellule eucariotiche, la mitosi è una divisione di una singola cellula in diverse fasi che porta alla riproduzione della cellula madre in due cellule. Da una cellula madre si ottengono due cellule figlie con materiale genetico identico attraverso la replicazione del DNA e la mitosi. La mitosi si verifica in tutte le cellule ed è responsabile dello sviluppo e del rinnovamento di cellule e tessuti e del mantenimento della vita dell'individuo. La meiosi riguarda gli organi riproduttivi.

Monoico (n.): si riferisce al fatto che una pianta porta sia fiori maschili che femminili sulla stessa pianta.

N

Nucleo (n.): parte centrale e carnosa dell'ovulo.

O

Oosfera (n.): cellula destinata a ricevere uno spermatozoo. Sinonimo di gamete femminile.

Organismi pionieri (n.): organismi che colonizzano per primi determinati ambienti. Batteri, alghe, muschi e licheni sono organismi pionieri. Essendo in grado di frantumare la roccia, i licheni contribuiscono alla formazione del suolo, preparando la strada alle piante superiori come le angiosperme.

Ostiolo (n.): orifizio al centro degli stomi fogliari, coinvolto nello scambio di anidride carbonica, ossigeno e vapore acqueo.

Ovario (n.): sinonimo di gineceo.

Ovulo (n.): organo carnoso che si trasforma in seme dopo la fecondazione.

P

Peduncolo (n.): nato all'ascella di una brattea, è la parte floreale a forma di stelo che porta il fiore o l'infiorescenza.

Perianzio (n.): la corolla e il calice di un fiore.

Pericarpo (n.): parete del nocciolo o del frutto con semi, che comprende l'epicarpo (buccia del frutto), il mesocarpo (parte centrale del frutto) e l'endocarpo (parte interna) e funge da rivestimento del seme.

Peristoma (n.): etimologicamente, questo termine significa "intorno alla bocca". In botanica, viene utilizzato per indicare la parte dentellata o ondulata del coperchio della capsula nei muschi e il bordo dell'urna in alcune piante carnivore.

Picciolo (n.): parte stretta che collega la lamina di una foglia al fusto.

Pirofile (agg.): piante che si sono adattate al fuoco e ne hanno addirittura bisogno per fiorire. Si distingue tra pirofite passive e attive. Le pirofite passive utilizzano varie strategie per proteggersi dalle devastazioni del fuoco (la corteccia spessa e non infiammabile delle querce da sughero e delle sequoie giganti), mentre le pirofite attive provocano il fuoco producendo vapori infiammabili (per esempio l'eucalipto). Possono anche prendere fuoco per rigenerarsi, eliminare la concorrenza e riprodursi in modo più rapido ed efficiente (cisto, albero di erba, *Callistemon*, ecc.).

Polidrupa (n.): frutto multiplo di un fiore con più carpelli liberi. Per esempio il lampone o la mora.

Pollinia (n.): termine specifico delle orchidee, che si riferisce all'ammasso di polline nella camera dell'antera. Spesso i pollini sono due.

Protallo (n.): nelle felci, una piccola lama clorofilliana, generalmente cordata, che si forma quando una spora germina. Nella parte inferiore, piccole radici (rizoidi) servono ad assorbire le sostanze nutritive e ad attaccarsi a un supporto. Questa struttura trasporta i gameti maschili e femminili.

Protonema (n.): nelle piante senza vasi, come i muschi, si riferisce ai filamenti striscianti formati da una spora e composti da cellule clorofilliane. Permette la crescita di una nuova piantina di muschio o di epatica.

Pteridofita (n.): pianta vascolare che non produce fiori o semi e si riproduce tramite spore. Ne sono un esempio le felci. A differenza dei muschi, le felci hanno tessuti che conducono la linfa. Le pteridofite sono quindi le prime piante in grado di nutrire tutte le cellule della pianta, il che le conferisce una crescita illimitata e la capacità di conquistare aree molto più ampie.

Pubescente (agg.): si riferisce al fatto che una parte della pianta (fusto, foglia, petalo, ecc.) è ricoperta da peli sottili o da una peluria setosa. Per indicare il contrario, si usa l'aggettivo "glabro".

R

Ricettacolo (n.): parte terminale del peduncolo, su cui si inseriscono le parti floreali. Un ricettacolo può essere arrotondato, piatto, concavo, carnoso, a forma di coppa, di urna, ecc. A volte lo mangiamo, per esempio quando gustiamo una fragola.

Rizoma (n.): fusto sotterraneo perenne, spesso ricco di riserve.

S

Sacco embrionale (n.): è l'involucro in cui l'embrione può svilupparsi. Contiene diverse cellule, una delle quali è il gamete femminile.

Samara (n.): frutto secco indeiscente con un seme (achenio) riconoscibile da un'escrescenza a forma di ala che consente una migliore disseminazione per anemocoria. I tulipani, i frassini e gli olmi producono samare di forma distinta. Gli aceri hanno una samara doppia, detta "disamara".

Sepali (n.): parti che formano il calice, spesso verdi, inserite nel ricettacolo, simili a piccole foglie. Tuttavia, possono essere dello stesso colore dei petali o di un colore diverso. Possono anche fungere da petali per il fiore. A seconda della famiglia, i sepali possono essere fusi, liberi o parzialmente fusi.

Sicone (n.): infiorescenza a capitello i cui fiori crescono all'interno di un ricettacolo carnoso. Specifico delle Moraceae, di cui il ficus fa parte, dà origine a un falso frutto come il fico. Sono gli acheni prodotti dalla fecondazione dei fiori femminili a costituire il vero frutto del fico.

Siliqua (n.): questo termine designa un frutto secco deiscente, originato da un ovario con due carpelli fusi che si aprono attraverso quattro fessure paraplacentari. Esempi: frutti di cavoli, colza, senape, ecc.

Spadice (n.): nome dato all'infiorescenza dell'Arum o di altre Araceae. Di solito porta fiori femminili in basso e fiori maschili in alto e può assumere la forma di una spiga o di un uovo.

Spata (n.): grande brattea verde o colorata che avvolge l'infiorescenza di alcune piante. Si trovano nella famiglia delle Araceae e tra le Liliaceae, le Iridaceae e le Amaryllidaceae.

Spora (n.): corpuscolo unicellulare o pluricellulare che per mitosi dà origine al gametofito. Le spore appartengono a una fase del ciclo vitale di felci, funghi, alghe, muschi e batteri.

Sporangio (n.): nome dato all'organo in cui avviene la meiosi. Nelle felci contiene le spore. Nelle piante da fiore corrisponde, dal lato maschile, al sacco pollinico e, dal lato femminile, alla nucella.

Sporofito (n.): emergente dal gametofito di una felce o di un muschio, lo sporofito produce spore. Può vivere come parassita sul gametofito per qualche tempo.

Stami (n.): parti fertili di varia forma e numero, ciascuna composta da tre parti: il filamento inserito nel ricettacolo floreale; l'antera, un'appendice gonfia, cava o allungata attaccata all'apice del filamento e composta da sacche polliniche; il tessuto connettivo, che collega le sacche polliniche e prolunga il filamento.

Staminode (n.): stame sterile che può diventare nettarifero.

Stigma (n.): situato all'apice dello stilo, appartiene al gineceo e può raccogliere o meno (in caso di non compatibilità) il polline.

Stilo (n.): di forma generalmente cilindrica e di lunghezza variabile, lo stilo fa parte del sistema riproduttivo femminile. Prolunga l'ovario e permette al polline di raggiungere il centro dell'ovulo attraverso il tubo pollinico. Tuttavia, non è sempre presente (il papavero, per esempio, lo sostituisce con una calotta stigmatica sopra l'ovario).

Stipite (n.): falso fusto di una pianta (per esempio una palma), costituito da foglie che si seccano durante la crescita, lasciando cicatrici fogliari.

Stoma (n.): porta di ingresso e di uscita dell'epidermide fogliare utilizzata per lo scambio di anidride carbonica, ossigeno e vapore acqueo. Lo stoma è costituito da due cellule stomatiche e dall'ostiolo.

Substrato (n.): qualsiasi materiale che sostiene una pianta. Può essere costituito da terra, roccia, legno, sabbia, sedimenti, humus, compost, torba, ecc.

Succo (n.): liquido organico estratto da una sostanza vegetale o animale. Si riferisce, per esempio, alle riserve immagazzinate nei tessuti delle piante in ambienti aridi. Per questo motivo sono chiamate piante "succulente".

T

Tallo (n.): costituito da cellule indifferenziate, questo apparato vegetativo non vascolare si distingue per il fatto che le piante non hanno né foglie, né veri fusti, né radici. Sono note come "tallofite". Comprendono licheni, alghe e funghi.

Tepali (n.): petali e sepali dello stesso aspetto, indistinguibili a occhio nudo.

Tubo pollinico (n.): dopo la germinazione, i grani di polline emettono un tubo pollinico per trasportare i gameti maschili all'ovulo. Sullo stigma del pistillo, grazie a delle cellule (le papille), il polline si reidrata e può quindi produrre questo tubo. Il pistillo utilizza dei peptidi per guidare il tubo. Anche un enzima, la katanina, svolge un ruolo importante nella guida del tubo.

U

Unicarpellato (agg.): composto da un solo carpello. Nelle Fabaceae e nelle Poaceae, il gineceo presenta questa caratteristica.

V

Vacuolo (n.): organello della cellula vegetale che immagazzina acqua, carboidrati, ioni e pigmenti e partecipa a meccanismi di difesa come la gestione dei rifiuti, il mantenimento dell'equilibrio idrico e il turgore, grazie al quale foglie, steli o fiori mantengono una certa rigidità.

Vascolare (agg.): si dice di una pianta che ha vasi che conducono la linfa e che testimonia il suo adattamento alla vita terrestre nel corso dell'evoluzione. Le piante vascolari hanno radici, fusto e foglie e comprendono le spermatofite (*Cycas*, piante da fiore, ecc.) e le pteridofite (felci, equiseti, ecc.).

X

Xerofita (n.): si riferisce a una pianta adattata ad ambienti aridi e quindi in grado di resistere a significative carenze idriche.

Z

Zoofile (agg.): piante che collaborano con vari animali per ottenere la riproduzione sessuale.

Letture consigliate

Aa. Vv., «De la graine à la plante», *Pour la Science*, n. 26, gennaio 2000.

≈, «La Révolution végétale», *Pour la Science*, n. 101, novembre 2018.

≈, «Les Végétaux insolites. L'inventivité sans limite des plantes», *Pour la Science*, n. 77, ottobre 2012.

≈, *Animal. Exploring the Zoological World*, Phaidon, Londra 2018.

≈, *Flora. Inside the Secret World of Plants*, Doris Kindesley/Penguin Random House, Londra 2018.

≈, *Plant. Exploring the Botanical World*, Phaidon, Londra 2016

Albouy Vincent, Merveilleux papillons, Glénat, Boulogne-Billancourt 2021.

Arndt Ingo e Tautz Jürgen, *Honigbienen. Geheimnisvolle Waldbewohner*, Knesebeck Von Dem GmbH, Monaco 2020.

Brancher Dominique, *Quand l'esprit vient aux plantes. Botanique sensible et subversion libertine (XVIe-XVIIe siècles)*, Librairie Droz, Ginevra 2015.

Daugey Fleur, *Les plantes ont-elles un sexe? Histoire d'une découverte*, Ulmer, Parigi 2015.

Dumont Élizabeth, *La Géométrie dans le monde végétal*, Ulmer, Parigi 2014.

Gardiner Lauren e Cribb Phillip, *The Orchid*, Royal Botanic Gardens, Kew 2018.

Génermont Jean, *Une histoire naturelle de la sexualité. Plus d'un milliard d'années d'évolution*, Editions Matériologiques, Parigi 2016.

Hallé Francis (a c. di), *Aux origines des plantes. Des plantes anciennes à la botanique du XXIe siècle*, Fayard, Parigi 2008.

Hammer Steven Allen, *Lithops. Treasures of Loveliness*, Middleton 1999.

Hette Stéphane e Hendoux Frédéric, *Les Fleurs amoureuses, ou comment se reproduire en couleurs*, Salamandre, Neuchâtel 2019.

Kesseler Rob e Harley Madeline, *Pollen. The Hidden Sexuality of Plants*, Papadakis, Winterbourne 2006.

Mazzanti Marta, Bosi Giovanna e Merlo Riccardo, *Le isole del tempo. Avventure nel mondo verde preistorico*, Editoriale Scienza, Firenze 2010.

Pelt Jean-Marie, *L'Évolution vue par un botaniste*, Fayard, Parigi 2011.

Pesson Paul e Louveaux Jean (a c. di), *Pollinisation et productions végétales*, Quæ, Versailles 1984.

Raynal-Roques Aline, *La Botanique redécouverte*, Belin/INRA, Parigi 1997.
Reille Maurice, *Dictionnaire visuel de botanique*, Ulmer, Parigi 2014.
Roguenant Albert, Raynal-Roques Aline, e Sell Yves, *Un amour d'orchidée. Le Mariage de la fleur et de l'insecte*, Albert Roguenant, Belin, Parigi 2005.

Sherwood Shirley, *The Shirley Sherwood Collection. Modern Masterpieces of Botanical Art*, Royal Botanic Gardens, Kew 2019.
Sverdrup-Thygeson Anne, *Terra insecta. Il mondo immenso raccontato dalle creature più piccole*, BUR, Milano 2019.

Thorogood Chris, Weird Plants, *Royal Botanic Gardens*, Kew 2019
Tong Wenfei, Bird Love. The Family Life of Birds, Londra 2020.

Vallade Jean, *L'Œil de lynx des microscopistes. La sexualité végétale: l'apport des micrographes depuis le XVIIe siècle*, Editions universitaires de Dijon, Digione 2008.
Vincent Albouy, *Pollinisation. Le génie de la nature*, Quæ, Versailles 2018.

Cara lettrice, caro lettore,

Wudz è una foresta, e come tale intende vivere: di imprevisti, varietà di specie immaginifiche e continue contaminazioni. Come mai, ti starai allora forse chiedendo, nel logo di questo editore compare una balena volante...

Perché proprio questa immagine?

Forse perché racconta qualcosa di noi, perché fa sorgere una domanda che, in un certo senso, abbiamo fatto metaforicamente a noi stessi prima di iniziare questa impresa, collezionando video e immagini che ci ispiravano e tra queste proprio quella di una balena che volava tra gli alberi di una foresta.

Ecco la domanda, allora: Cosa ci fa una balena in una foresta? E come fa a volare? Ci sono molte ragioni, anche del tutto plausibili, per spiegare come quella balena sia finita lì.

Può averla trascinata una marea. Oppure, un tempo, quella foresta era parte di un mare che poi si è ritirato. Potrebbe essere un'immagine dal futuro: un periodo da venire della nostra storia in cui terra e oceano coincideranno, e i pesci abiteranno le foreste così come i cervi gli oceani più profondi – l'essere umano, in un mondo simile, forse non è già più contemplato.

Qualunque sia il motivo, una balena che si aggira per la foresta è un'anomalia, un cortocircuito, un rovesciamento dell'ecosistema.

E Wudz vuole essere questo: un fatto inatteso che apre alla possibilità di mondi nuovi, ibridi, sconosciuti.

Vuole, dunque, contemplare il mondo nel gesto magico di una balena che ha imparato a volare.

FSC
www.fsc.org
MISTO
Carta
da fonti gestite in
maniera responsabile
FSC® C018150